10 PASOS HACIA EL EXITO

ALEXS A. RODRÍGUEZ Q.

¡Descubre los secretos para vivir una vida
que el dinero no puede comprar!

10 Pasos Hacia El Éxito
Alexs A. Rodríguez
Edición – 2014

Team Success
Panamá, República de Panamá
Teléfono (507) 270-0074

www.AlexsRodriguez.com
www.Team-Success.net

Todos los derechos reservados. Prohibida la reproducción total o parcial en cualquier forma, escrita o electrónica, sin la debida autorización del autor.

ISBN-13: 978-1502321732
ISBN-10: 1502321734

Somos el punto intermedio entre la maravillosa y perfecta creación y la indescifrable eternidad.

Dedicado a mis padres Emigdio y Aida, quienes me dieron lo que soy, raíces y valores; y a mis amadas hijas Christie Anne Marie y Alexandra Marie, quienes me inspiran cada día a ser la mejor versión que puedo llegar a ser.

— Alexs —

Contenido

INTRODUCCION 1

PASO 1
    El pasado no determina su futuro. 13

PASO 2
    Sus enemigos internos. 19

PASO 3
    Tener visión. 33

PASO 4
    La llave que abre todas las puertas. 41

PASO 5
    ¿Estoy cambiando o la vida me cambia? 51

PASO 6
    Diseñado para triunfar. 63

PASO 7
    Desafía tus miedos y vencerás. 71

PASO 8
    Ascenso. 83

PASO 9
    Tiene poder ilimitado. 95

PASO 10
    Descubriendo el propósito de tu vida. 105

AGRADECIMIENTOS

Me gustaría dar gracias a muchas personas, hermanos, amigos y compañeros en este maravilloso viaje de transformación. Y todos y cada uno de ellos que de una u otra forma han aportado valor a mi vida para ayudarme a desarrollar talentos y habilidades que desconocía.

A cada una de las personas que me he cruzado en el camino, a quienes he tenido la dicha de poder aportar un granito de arena en la construcción de sus vidas y a las miles personas que posiblemente como usted, aún no he tenido el privilegio de conocer, son ustedes los que me han inspirado a mantenerme aun en las olas de la adversidad.

Siempre mi agradecimiento porque me enseñan que hay MAS esperando por ser descubierto en el camino hacia el éxito y la excelencia. Más que un destino es un viaje que inicia cada día con el próximo paso que estemos dispuestos a dar.

10 PASOS AL **EXITO**
Todo inicia con un cambio

El único factor en nuestras vidas que no cambia, es que el cambio se mantiene presente todos los días, estemos preparados para el o no. Prepararnos para el cambio significa prepararnos para aprovechar las oportunidades que trae consigo. Indudablemente no se puede avanzar si continuamos haciendo lo mismo una y otra vez, para ello lo más importante es empezar por cambiar nuestra manera de pensar. Sin importar el nivel en que nos encontremos en nuestra vida en hoy, lo cierto es que lo que me trajo hasta aquí, no me llevará más allá de dónde he llegado. Es decir, para avanzar a nuestro próximo nivel de éxito o empezar a lograrlo, todo inicia por cambiar la forma en la que pensamos.

Todo inicia con un cambio, es cierto, pero el primero de los cambios que necesitamos realizar es un cambio interior. Nuestra forma de pensar es la que nos ha traído al lugar donde nos encontramos en este momento y no se puede avanzar hasta cambiar nuestros pensamientos. Todos amamos los cambios, lo que nos cuesta es cambiar nosotros mismos primero, este es el primero y más importante paso para poder lograr y alcanzar lo que sea que quieras proponerte en tu vida. Lo más interesante de todo es que por más que nos resistimos a los cambios, nos mantenemos cambiando todo el tiempo.

¿Podría decir que es usted la misma persona que hace 5 años atrás? Hay dos formas en la que los cambios están presentes en nuestra vida:

1. La vida nos cambia permanentemente, según las circunstancias o experiencias que vamos teniendo. Estos cambios no están en nuestro control.
2. Cuando decidimos el tipo de cambios que queremos, es decir tomar el control de la forma en la que estamos evolucionando según las metas y propósitos de nuestra vida.

Muchas personas viven su vida evolucionando según lo que la vida les presenta, solo reaccionan ante los acontecimientos sin un plan definido u objetivo que lograr para luego preguntarse *¿por qué no estoy logrando objetivos importantes en mi vida?* Y es que muchas personas no se establecen metas debido al temor a *"fracasar"* en el intento por alcanzarlas, para ellos es mejor intentar jugar a lo seguro, siendo este juego de más peligroso de todos. Tan solo el hecho de vivir ya implica un gran riesgo, puede morir. No existe nada seguro en la vida más que el hecho de mientras estemos en ella todo está cambiando, queramos o no, y esta afirmación nos incluye a nosotros. Lo importante es aprender a reconocer *¿estoy cambiando o la vida me está cambiando?*

¿El fracaso existe?

Estoy seguro que algunos responderán *"si el fracaso existe"* y algunos otros *"no existe el fracaso"*, en cualquiera de ambos casos permítame decirle que tiene toda la razón, porque lo más importante es lo que usted crea. Lo que usted cree, será lo que permitirá crear. Los pensamientos son poderosos, tanto así que se materializan en nuestra vida. Aún no he conocido a alguien capaz de lograr un resultado positivo en aquello que cree que no podrá lograr. Son nuestras creencias las que van formando nuestra realidad y nuestras limitaciones.

El fracaso es una idea aprendida como cualquier otra, es lo que relacionamos a la mala terminación de algo o al no logro de los objetivos trazados. Esto solo quiere decir que de la forma en la que lo hicimos, no funcionó o no dio los resultados que esperábamos.

Mi definición personal de fracaso es la siguiente, dejar de luchar por tu propósito, al momento de encontrarte con las adversidades y pruebas que la vida te pondrá para saber si estás listo para lograr el éxito que deseas. El único fracaso real, es no aprender de los errores, o bien aprender y no seguir avanzando.

Si te has caído... levántate.
Si te vuelves a caer... vuelve a levantarte.
Porque te garantizo... que volverás a caer.

La única forma de no volver a hacerlo, es quedarse permanentemente abajo, porque en la vida el único que no se ha equivocado es aquel que nunca ha logrado nada.

Aquella piedra que te impide el paso por tu camino puede ser vista como el más adverso de los obstáculos o como aquella piedra que puede ser escalada. Cuando lo escalas obtienes una mejor visión de lo que está por venir. El celoso libro de la historia sólo ha permitido se escriba en sus doradas páginas, de quienes supieron levantarse, haciéndose más grandes que las mismas adversidades. Sólo de aquellos quienes mantienen una visión como dirección sin rendirse ante los obstáculos. Henry Ford decía que los obstáculos son aquellas cosas horribles que aparecen en el camino cuando apartamos la mirada de la visión.

Existe una gran diferencia entre los errores y el fracaso que debemos conocer. Nuestra condición humana es la imperfección y debemos aprender a convivir con ella; la gran mayoría de las personas dicen saber que no son perfectas, sin embargo viven su vida pretendiendo serlo. Cuándo se trata de sus errores se juzgan a sí mismos con toda la dureza posible que le permiten sus pensamientos, entrando en un círculo de culpabilidad en lugar de aceptar la responsabilidad por las acciones. Mientras que la culpa se enfoca en la acusación y condena interna para alimentar nuestros miedos, la responsabilidad se enfoca en transformar el error en una experiencia positiva, esto solo ocurre cuando aceptando el resultado lo utilizamos para aprender y buscar nuevas formas que si pueden darnos resultados.

El fracaso proviene de...

En la mayoría de los casos de dos fuentes principales que podemos identificar muy fácilmente.

1. De personas a nuestro alrededor:

Por lo general bien intencionadas, por evitarnos el dolor del *"fracaso"* nos transmiten sus dudas. *"yo no intentaría algo como eso... no creo que resulte... mejor ni lo intentes... deberías hacer otra cosa... estás loco, eso nadie lo ha logrado... yo no creo que tú lo puedas lograr... se realista, deja de soñar... etc."* ¿Ha escuchado alguna de ellas? En caso de que no, es muy afortunado o bien puede que no esté intentando lograr algo lo suficientemente grande. Por lo general todas estas provienen de personas cercanas que nos aman que lo que verdaderamente buscan es evitarnos el dolor y sufrimiento de vernos fracasar. Pero aún con todo el amor que tienen hacia nosotros, están limitando nuestras posibilidades de éxito, basándose en sus limitaciones. Todos tenemos limitaciones y a cada uno de nosotros nos corresponde delimitar donde ponemos esa línea entre lo posible y lo imposible.

2. El terrorista de nuestro éxito:

La segunda y más importante fuente de fracaso proviene de alguien aún más cercano a nosotros. Es aquella persona que ha estado y estará durante toda nuestra vida al lado, es la persona que vemos en el espejo todas las mañanas. Si la primera fuente es terrible, la segunda fuente es el terrorista de nuestro éxito.

Aun cuando todos tenemos personas a nuestro alrededor que atentan contra nuestro éxito, basados en sus buenas intenciones, solo nosotros podemos determinar si aceptamos y damos cabida en nuestros pensamientos a sus palabras. Los pensamientos son como aves sobre nuestra cabeza, cada vez que llegan elegimos entre dos opciones, enviarlos a volar a otra parte o permitir que hagan nido sobre nosotros. *¿Cuáles pensamientos han hecho nido sobre su cabeza?* Siempre nos veremos expuestos a la primera fuente, personas que bien intencionadas que procuran cuidar de nosotros, pero sólo nosotros determinamos si estas hacen nido en nosotros. Esto depende de mí. No puedo controlar lo que los demás hacen, solo puedo controlar lo que ello hace dentro de mí.

El éxito es un viaje individual

Durante mis conferencias muchas personas me han preguntado *¿Qué es el éxito?*, personas que viven su vida buscando lograr u obtener lo que alguien más ha definido como éxito y en algunos casos como lo que otras personas cercanas le han instruido. Es muy común en nuestro entorno escuchar a los padres decirle a sus hijos cosas como "estudia y prepárate bien para que puedas obtener un buen trabajo… deberías estudiar tal profesión como tu padre… lo que da dinero es ser…". Todas esas ideas repetidas miles de veces en nuestra mente van creando creencias limitantes sobre lo que debería ser el éxito en nuestras vidas, y es que hemos excluido del panorama cosas como ser felices en el proceso.

Y es que el éxito se ha convertido en la gran mayoría de los casos, en la zanahoria que vemos delante de nosotros que nos lleva sin rumbo hacia cualquier destino mientras buscamos sin sentido en la dirección equivocada. No existe nada más lamentable subir por la escalera de la vida para darnos cuenta al final que estaba en la pared equivocada.

¿Cómo se puede definir el éxito?

Es una respuesta que muy pocas personas pueden darse a sí misma, mucho menos a otros sin utilizar definiciones y estereotipos creados por otros, las cuales fueron productos de la búsqueda individual cada uno de ellos. Pero *¿podría alguien definir el éxito de forma general?*, cuando el éxito de un individuo puede significar el fracaso del otro. Es por ello que debes encontrar primero dentro de ti que te haría sentirte exitoso para poder alcanzarlo, ir en la búsqueda de lo que otros creen, es empezar el viaje en la dirección equivocada. No se encuentra aquello que no sabe que está buscando. La vida es un viaje en el que usted puede elegir su destino, o bien, la otra opción es que alguien más elija por usted.

No puedo darte una definición de lo que el éxito es, estaría posiblemente haciendo una limitación a lo que puedes lograr. Sin embargo lo que si me es posible, es que podamos encontrar lo que verdaderamente significa para el éxito para usted, al final del camino es esto lo más importante. Este es el viaje hacia su éxito y realización.

Anote sus respuestas a las siguientes preguntas:

¿Qué es el éxito para ti?

_____

_____

¿Cómo te sentirías al lograrlo?

_____

_____

_____

¿Cuál es el primer paso que debes dar para lograrlo?

_____

_____

_____

El éxito es un viaje individual no es un destino al que llegas lo que te hace sentirte exitoso, es cada paso que des en la búsqueda de lo que deseas lograr. Muchas personas dicen "yo no tengo lo que necesito para lograrlo", a lo que siempre respondo: "que bueno, nadie empezó teniendo todo lo que necesitaba para triunfar". Lo que determinará el éxito es donde te enfocas, en lo que deseas o en lo que te hace falta. En la vida lo que necesitas es sólo dar el primer paso, una vez que lo des avanzarás a un nuevo lugar y estando ahí lo único que necesitas es volver a dar el primer paso.

La gran mayoría de nosotros nos hemos pasado la vida condicionando nuestro éxito a lo que tenemos, en lugar de determinar lo que tenemos para lo que deseamos. Expliquemos un poco mejor, casi todos deseamos lograr mejorar de alguna forma nuestra vida, es un hecho que el 95% de las personas tienen grandes sueños que se quedan en sueños debido a que se centran en lo que les falta y no en cómo transformar lo que tienen en lo que necesitan.

He escuchado gran cantidad de veces frases como las siguientes:

- Cuando yo tenga un mejor estudio, entonces podré desarrollarme como el gerente de una empresa y ser exitoso.
- Si yo tuviese dinero, podría montar mi propio negocio y ser exitoso.
- Cuando tenga el dinero, podré estudiar y ser mejor profesional.
- Cuando tenga A, podré B.

En cada uno de estos ejemplos vemos algo en común, todo está determinado por tener, para luego hacer y por último ser. La realidad en el mundo que vivimos es que el tener no llega por casualidad, es producto de lo que hacemos y lo que hacemos y como lo hacemos depende de lo que somos. Lo que sucede es que estamos acostumbrados a condicionar nuestras metas de esta forma para poder justificar el no realizar lo necesario para lograrlas.

Por ello es que cada vez que procuramos trabajar en lo que somos, ya sea como individuos, profesionales, empresarios, padres, en nuestra vida espiritual, estamos aumentando nuestra capacidad de poder hacer mejores cosas que nos acercarán hacia el logro de nuestros objetivos.

El poder de las 4 D´s:

- Deseo: No es un sueño, es encontrar aquello que hace saltar su corazón en un estallido de emociones que quema por dentro. Es algo que inevitablemente tiene que ocurrir, es pasión por la vida y cuando lo descubres se convierte en tu misión. Es un deseo ardiente que nos lleva a tomar la decisión de triunfar o morir en el intento.

- Decisión: Una vez conoce la misión, tiene que decidir si va a hacerse realidad o no. Es una decisión inquebrantable, más allá de decirlo, es algo que se vive en el interior que te lleva a tomar acción sin mirar atrás, es decir dar los pasos necesarios para acercarte cada vez más a tu objetivo.

- Determinación: No importa lo que ocurra en el camino, seguirá adelante porque su misión es más grande que cualquier obstáculo. No significa que no habrán equivocaciones en el camino, significa tener la flexibilidad para hacer los ajustes necesarios.

- Disciplina: La mejor definición de disciplina que he encontrado hasta ahora es: hacer lo que tienes que hacer, tengas ganas o no. La disciplina es el mayor recurso cuando el talento falla. Alguien dijo que el éxito es 1% de inspiración y 99% de transpiración.

Sólo existe un ser humano capaz de determinar si alcanzas el éxito o padeces del fracaso en tu vida, y es justo la persona que está sentada en la misma silla que ocupas en este momento.

Te deseo un maravilloso viaje, porque el éxito empieza con el primer paso cada día y ese lo puedes dar hoy, si así lo decides.

PASO 1
El pasado no determina su futuro.

La Historia de un Fracasado de Gran Éxito:

El menor de 7 hermanos, quien nació el 11 de febrero de 1847 en Milano, Ohio y creció en Huron, Michighan. A los 7 años de edad luego de 12 semanas en una rural y ruidosa escuela, su profesor perdió la paciencia por la obstinada persistencia del pequeño al realizar sus famosas preguntas *¿por qué?*, observando su frente que era excepcionalmente amplia y su cabeza que era más grande que la del promedio, tomó la decisión de enviarlo a casa acusándolo de ineficiente. Luego de las burlas de profesores y alumnos, el muchacho fue retirado por su madre de la escuela, quién inició el desarrollo de un programa de estudio en casa. Ya para los 10 años de edad él tenía su propio laboratorio en casa. A la edad de 12 años, se sentía ya todo un adulto. Luego de hablar con sus padres, estos accedieron a dejarlo ir a trabajar vendiendo periódicos, pasteles, y caramelos en el ferrocarril. Para ese momento, había iniciado un negocio de venta de frutas.

A la edad de 14 años, durante la época de las famosas discusiones entre Lincoln y Douglas, aprovechó la información de las noticias que eran anunciadas por medio de los telégrafos en las estaciones de tren, y publicó su propio periódico. Esta empresa llegó a generar más de 10,000 ejemplares diarios. Luego un accidente en uno de los vagones de un tren acabó con el magnífico negocio y también con casi el 80% de su audición en uno de sus oídos (el cual perdería por completo más adelante en su vida). A pesar de la lista de retos y de grandes fracasos en su vida demostró un gran coraje y valentía.

Viajemos un poco en el tiempo hacia el año de 1878, cuando para este tiempo ya este fracaso de niño, quien había sido expulsado de la escuela por ineficiente para aprender, inicia los intentos fallidos de una meta. Luego de intentarlo una y otra vez, una y otra vez, llegó a superar los 10,000 intentos fallidos, a los que decía *"he descubierto una nueva forma de cómo no funciona"*.

Estos intentos le llevaron a ser el primero en aplicar el término filamento, un alambre fino que brillaba intensamente al transmitir corriente eléctrica por medio de el.

Para el año de 1879, nuestro protagonista "Tomas Alva Edison" descubre la primera bombilla incandescente, la cual fue puesta en funcionamiento el 21 de octubre de ese año. Este bulbo se mantuvo encendido por más de 40 horas.

Cierre las puertas del pasado.

Tomas A. Edison lo descubrió. Para poder triunfar hay que aprender a cerrar las puertas del pasado. Es la única forma de poder mirar hacia las puertas del futuro. Nuestro pasado es como un periódico de ayer, el que ni usted estaría dispuesto a pagar para leerlo. Tantos los éxitos como las caídas de ayer representan el punto de aprendizaje para nuestra vida, pero más allá de ello han perdido su valor por completo, es un cheque cancelado, un tiempo que no podrá regresar nunca más por más que lo intente sólo podrá enmendar mirando hacia el futuro.

Vivimos aferrándonos a un nuestro propio mundo, a nuestro pasado, a las experiencias que no nos permiten avanzar, es como tratar de caminar hacia adelante con la mira puesta hacia atrás. Sin importar lo que hayas intentado, la empresa que hayas iniciado, un negocio, una relación, una vida, sólo has aprendido cuales son las formas en las que no dan resultados las acciones. Si en este punto te das por vencido, entonces has fracasado.

El fracaso real no proviene de los intentos, sino de dejar de intentarlo. Podrías imaginarte *¿qué habría pasado si Edison hubiese dejado de intentarlo? ¿Un mundo sin luz eléctrica?*, no lo creo, hoy en día lo más seguro tendríamos los mismos beneficios que nos provee la electricidad. Lo que es bastante probable que esta historia habría llevado otro nombre en su lugar, lo más seguro alguien más habría intentado hasta lograrlo *¿cuántas cosas han sido dejadas a alguien más porque se dejó de creer?*

Cierra las puertas del pasado, date todas las oportunidades hasta lograrlo, porque también merece el éxito y la felicidad. Hoy es el mejor día de tu vida, es el único que tienes para vivir, el ayer no lo puedes repetir, el mañana es incierto para todos.

Cerrar las puertas del pasado implica dos cosas.

1. Dejar de culparnos por los resultados de hoy: los resultados que tenemos hoy no representan quienes somos, representan a quienes fuimos en el pasado, las decisiones que tomamos, lo que hicimos y nuestra forma de pensar. Nada de esto implica que estemos condenados a repetir los mismos una y otra vez, si lo hace es por elección propia.

2. Renunciar a glorificarnos por éxitos pasados: en muchas ocasiones esto resulta más difícil que el primero de los puntos. Es muy diferente y no implica que no debemos celebrar nuestros éxitos en la vida, ciertamente debemos hacerlos, el problema es muchos viven alimentándose del éxito que tuvimos en el pasado, cuando decimos *"yo logré a, b o c"*, es casi como quedarnos a celebrar permanentemente nuestra graduación de la secundaria, no nos permite avanzar. Esta es sólo la mitad de la frase que deberíamos decirnos *"yo logré a, b o c por eso sé que puedo lograr d"*.

El pasado solo nos es de utilidad cuando lo usamos para construir un mejor futuro sin importar si son los errores que cometí o los aciertos que tuve, aprendiendo de cada evento para transformarlo en una experiencia. No es lo mismo tener eventos en nuestra vida que tener experiencia, la experiencia inicia con el aprendizaje y se traduce en acciones que implementamos para poder avanzar a nuevas áreas, que por lo general son áreas de desconocimiento. Es decir, usamos la información para poder avanzar a nuevo nivel de oportunidad en un área de desconocimiento.

La siguiente historia nos demuestra como los éxitos del pasado pueden atentar contra los mejores y más grandes éxitos que aún no hemos alcanzado.

El hombre y la máquina:

Hasta en los hombres más exitosos de la humanidad hemos encontrado que muchos han tenido que aprender a olvidar sus triunfos pasados, por muy grandes que fueran, para permitirse la introducción a los cambios.

El famoso Henry Ford no escapo de esta realidad. Aun cuando se convirtió en el precursor del automovilismo a nivel mundial. Hubo un momento en su carrera que empezó a vivir del éxito que había logrado con la fabricación de su obra maestra, el modelo T. Este era producido únicamente en el color negro. Y cuando alguien le preguntaba *¿puedo tener el modelo T en otro color?*, respondía: puedes tenerlo en el color que quieras, siempre y cuando sea negro.

A Ford le tomó bastante tiempo aceptar la necesidad del cambio, lo que le permitió a su competidor más cercano recortar la distancia que le llevaba, General Motors.

Lo detuvo su propio éxito, los cuatro años que había mantenido el modelo T en el mercado como número uno, no le permitieron ver la necesidad de cambiar y seguir avanzando. Su competencia introdujo una serie de cambios que le habían sido propuestos al Sr. Ford por su propio ingeniero William Knudsen, haciendo lucir al modelo T, como auto anticuado.

Esta historia ocurrió hace más de 100 años, en los que 4 años de avances pueden compararse hoy en día tal vez a 4 meses. En un mundo que evoluciona y cambia tan rápido como el nuestro, no deberíamos quedarnos a celebrar las victorias pasadas por un largo tiempo. Lo más importante es seguir creciendo y avanzando en nuestra vida.

PASO 2
Sus enemigos internos.

Una vez cerrada la puerta del pasado hay que darle oportunidad a sanar las heridas. Esto es algo que debemos aprender a hacer todos los días. Porque ayer ya forma parte de nuestro pasado, aquello con lo cual no podemos hacer nada, es tan real que el momento cuando iniciaste a leer este párrafo ya pertenece al pasado. El problema es que vamos viviendo la vida recolectado cargas emocionales que nos hacen más lento nuestro viaje o nos detienen por completo. Es como pretender subir una montaña recogiendo piedras en el camino para llevarlas sobre nuestras espaldas.

Existen métodos bien aprendidos de auto flagelación que utilizamos para torturarnos. Aun cuando suene irreal, es tan cierto como lo lees. Es la forma en la que hemos aprendido a manejar los errores propios y ajenos cuando nos afectan directa o indirectamente. Como mencioné anteriormente, decimos saber que no somos perfectos, pero actuamos pretendiendo serlo y esperando que los demás lo sean. Nuestro más grande enemigo vive dentro de nosotros, un escritor de quien no conozco el nombre, lo plasmó de forma muy poética.

Mi enemigo...

> *Tuve un enemigo cuyo rostro luchaba por conocer,*
> *Porque seguía mis pasos, dondequiera que iba, sin verlo yo.*
> *Mis planes desbarataba, mis propósitos pisoteaba,*
> *bloqueaba mi ruta hacia adelante.*
> *Cuando por un fin elevado me afanaba, decía con dureza: ¡No puedes!*
> *Una noche lo tomé firmemente, quité entonces el velo que cubría su cara.*
> *Miré su rostro al fin, y ¡oh! ... era yo.*

Nos gusta pensar que no hemos logrado el éxito debido a factores externos, lo que nos hace caer en lo que llamo – *"El síndrome de si tan solo"* – en el que empezamos a buscar las causas (reales o no) con las cuales queda completamente justificada la razón por la que no nos proponemos alcanzar lograr avanzar al próximo nivel o bien, grandes metas para nuestra vida. *"Es que si tan solo..."*, puede completar la frase, es individual para cada uno de nosotros.

I – La Culpa:

Es aquel estado emocional que sentimos por aquellas cosas que hicimos que no debimos haber hecho y también nos ataca por aquellas que debimos haber hecho y no hicimos. *¿Cómo llegamos a sentirnos culpables?*, es un proceso muy simple sin importar cuál de las dos razones sea la causa, lo primero que empezamos a hacer es acusarnos, "debí hacer esto, o no debí hacer aquello…" y lo hacemos de forma tan repetitiva que empezamos a crear ese efecto de culpa en nuestro interior.

Este no es un llamado a vivir sin afrontar el resultado de nuestras acciones, por el contrario es aprender a tomar la responsabilidad. Para lograr avanzar a nuestras metas resulta completamente necesario aprender de nuestros errores, esto es algo muy diferente a causarnos dolor por medio de la culpa. Sumergirse en ella sería similar a entrar voluntariamente en un remolino en el océano, será inevitable que te lleve hasta el fondo.

Para salir de ella debemos aprender a perdonarnos a nosotros mismos por nuestras faltas u omisiones. Debemos aprender a tomarlas como nuestro punto para permitir un cambio en nuestro interior, porque aún con toda la culpa que puedas sentir, es algo que no podrás remediar. Como dice el dicho, nada se puede hacer con la leche derramada, en todo caso nuestras faltas pueden convertirse en grandes lecciones cuando aprendemos a enfocarnos correctamente en lo único importante que tienen, el aprendizaje y la experiencia. Aceptar la responsabilidad de nuestros actos implica el tomar el control de la situación, hacer lo necesario para corregir en caso tal de que pueda ser corregido o aprender de la experiencia transformada en aprendizaje, cualquier otra forma de manejarlo, sería un desperdicio de tiempo, es decir, un desperdicio de la vida misma.

Lo más importante será responder estas dos preguntas *¿Qué debo perdonarme?* y *¿cuándo lo haré?* De lo contrario todo esto quedará en una simple y bonita teoría que en nada nos benefició.

II – *El Rencor:*

El primero de nuestros enemigos es producto de lo que sentimos por nuestras faltas. Éste, es el resultado de nuestros pensamientos hacia otra persona. Sentir rencor es el equivalente a tomarse un veneno y pretender que se muera la otra persona. Por más irónico que suene no existe nada más verdadero. Porque mientras sentimos todas estas emociones de rabia y furia, posiblemente la otra persona no se ha enterado o bien ya olvido el incidente. Entonces, *¿a quién afectamos?* Seguro, no existe ninguna otra respuesta que la única persona afectada con este sentimiento está en nuestro interior.

Aun cuando tengas motivos verdaderos por los cuales tener algún tipo de resentimiento hacia otra persona, este se convierte en algo peor al veneno de una serpiente recorriendo por venas, literalmente nos estamos envenenando. Qué es más importante *¿tener la razón o ser feliz?*, he escuchado a muchos decir *"ser feliz, pero es que tú no sabes lo que me hizo, jamás lo perdonaré"*, en muchas ocasiones las acusaciones que se le hacen a la persona son hechos reales muy relevantes, sin embargo lo verdaderamente importante es *¿puedes cambiar el hecho de que lo que esa persona hizo te afectó en el pasado?* No, no lo podemos cambiar, así como tampoco podemos controlar el que alguien alguna vez nos vuelva a lastimar, no podemos controlar lo que otras personas hacen, lo único que podemos controlar es por cuanto tiempo nos afecta.

Este resulta un buen momento para detener la lectura y pensar en aquellos rencores que estamos llevando dentro de nosotros y no nos permiten avanzar en nuestro camino al éxito o nos impiden ser felices. Es probable se puedan encontrar cosas que al analizarlas con seriedad ya pasado el tiempo parecerán irrelevantes y podremos soltarlas sin mayor dificultad, así también habrán otras que serán más difíciles y podrían costarle un poco más sacar, sin embargo debemos dejarlas ir, hay que soltarlas y solo existe una forma de hacerlo, por medio del perdón.

Hasta ahora hemos comprendido mal lo que verdaderamente significa perdonar, hemos sido enseñados que para perdonar es necesario que se cumplan con ciertos aspectos esenciales para considerar otorgarlo.

- Debe ser solicitado por el culpable.
- La solicitud debe provenir de un profundo arrepentimiento.
- Dicho arrepentimiento debe ser manifestado en un acto de humillación.
- Debo sentirlo... la lista podría seguir.

Es como si estuviéramos haciéndole un gran favor a la persona. Alguna vez le paso que alguien le hizo algo por lo cual tuvo algún resentimiento por un tiempo y al volver a ver a la persona recuerda lo sucedido, en ese mismo momento decide dejarlo atrás *¿cómo se ha sentido en ese momento?* La mayoría de las personas experimentan una sensación de

liberación de una carga y hasta la sanación interior. Esto ocurrió por una decisión interior que nada tuvo que ver con lo que la otra persona ha solicitado. La otra cara de esa moneda es cuando alguien nos pide perdón siguiendo todo el protocolo antes descrito y finalmente, por seguir el protocolo decimos *"si claro, te perdono",* pero por dentro estamos pensando cosas como por ejemplo *"yo perdono pero no olvido... si claro, cómo te voy a perdonar aquello... etc.".*

La mayor recompensa del perdón la recibe quien lo da y no quien lo recibe. Porque quien lo da es quien logra liberarse de una vez por todas de las emociones negativas que están destruyendo su vida. Perdonar no es un sentimiento, es una decisión que se toma cuando aprendemos a valorar correctamente nuestra vida *¿De cuáles cargas debo liberarme y perdonar?*

Recuerda, puedes tener la razón, o puedes tener una vida plena y llena de felicidad. Tu escoges, porque al final del camino lo que verdaderamente importará, será cuan feliz has sido. Es tu vida, es tu decisión.

III – *La Depresión:*

La gran favorita de muchos personas, es más casi podríamos decir que hasta existen rituales completos para lograr este estado emocional. Hay quienes han perfeccionado tanto la técnica que disfrutan de sufrir paso a paso y decir estoy deprimido. En algunos casos, se ha utilizado este término como una excusa para justificar nuestros actos o la falta de ellos. En otros casos ha sido una conducta aprendida ya sea en nuestro entorno. Alguna vez ha escuchado a alguien decir *"creo que me voy a deprimir"* y si le preguntas *¿por qué?* su respuesta puede ser *"no sé, es que me siento así".* A esto es a lo que me refiero, mucha gente se deprime de la nada, porque ha aprendido que es una conducta normal y que es parte de la vida.

¿Qué es la depresión?

Nuestro diccionario define la depresión como *"Síndrome caracterizado por una tristeza profunda y por la inhibición de las funciones psíquicas, a veces con trastornos neurovegetativos".* Analicemos rápidamente tres cosas importantes que nos aporta esta definición.

1- Tristeza profunda: ¿Dónde se genera la tristeza? Exacto a partir de los pensamientos dominantes a los que le permitimos hagan nido en nuestra mente. Dicho esto *¿podríamos evitar la tristeza?* Claro que si. Es producto de nuestros pensamientos predominantes, en cierta forma la creamos. La paz no es la ausencia de problemas, es el manejo de las situaciones sabiamente.

2- Inhibición de las funciones psíquicas: La ausencia absoluta de nuestras facultades mentales para funcionar. Es decir, perdemos nuestra capacidad de análisis y pensamiento, nuestra mente vuela sin control.

3- Trastornos neurovegetativos: Es la parte de nuestro sistema nervioso que controla los sistemas simpático y parasimpático. Y aunque parezca simpático, no lo es. Es éste quién controla el funcionamiento de las vísceras, glándulas y músculos involuntarios. Imagínese todo esto trastornado.

No se usted, pero yo lo pensaría mejor antes de volver a decir ¡Estoy deprimido!

Entonces *¿a que le llamamos depresión?*, a un alto grado en entristecimiento por lo general producto de nuestro pasado, en el cual enfocamos toda nuestra energía y nuestros pensamientos. Para poder triunfar debemos aprender a modificar nuestras emociones. Esto no significa que no podamos sentir tristeza en algún momento, por el contrario, en ocasiones es necesario tener este tipo de emociones que nos permiten momentos para la reflexión. Modificar las emociones viene a significar no permitir dejarse arrastrar por ellas hacia un mundo de negativismo que pueda terminar en una verdadera depresión.

Para controlar esos momentos de tristeza basta con detenernos un momento y hacer un rápido análisis *¿en qué estoy enfocándome?, ¿en mis problemas o en mis oportunidades?* La carencia de un propósito u objetivo en nuestra vida normalmente es lo que nos conduce a este estado emocional.

IV – Los Celos:

¿Sabes qué son los celos? Es sufrir anticipadamente algo que no ha ocurrido y que en fondo no sabes de si ocurrirá. Este es uno de los más terribles de los enemigos, te ataca producto de tu imaginación en sentido

negativo *¿y quién es la víctima?* exacto ¡nadie más...! Mientras te encuentras sufriendo por lo que sólo en tu mente está ocurriendo, posiblemente la otra persona está tranquilamente mirando la televisión.

Una vez permites que este enemigo se apodere de ti, ocupa prácticamente todo tu tiempo productivo, impidiéndote la facultad para pensar en aquellos planes que te permitirán triunfar, sobresalir y tener éxito. Este es uno de los más grandes causantes del fracaso de cualquier individuo, sea hombre o mujer. *¿No ha visto los encabezados en los diarios? "Muere a causa de los celos", "Mató a su pareja por los celos y luego se suicidó". ¿Hasta dónde pude llegar alguien por causa de los celos?* Prácticamente a lo más profundo del abismo, cárcel, hospital o cementerio; en tan solo un segundo de desesperación.

Hay mucha diferencia entre sentir celos y estar seguro de algo que está ocurriendo realmente en esta dirección. Los celos son solo la suposición de que algo pueda estar pasando, pero si es un hecho real lo que ocurre, entonces se debe enfrentar la realidad para solucionarlo. Los celos son una respuesta emocional que surge cuando una persona percibe una amenaza hacia algo que considera como propio. Comúnmente se denomina así a la sospecha o inquietud ante la *posibilidad* de que la persona amada preste atención en favor de otra. También se conoce así, al sentimiento de envidia hacia el éxito o posesión de otra persona, celos profesionales. La psicología actual explica que los celos son la respuesta natural ante la amenaza de perder para la persona celosa. Los celos parecen estar presentes en todas las personas, indistintamente de su condición o forma de crianza y manifestarse en personalidades que aparentemente parecían seguras de sí mismas. Una característica que parece destacarse en las personas celosas es tener rasgos de egoísmo.

Todos sentimos celos en algún momento o punto de nuestra vida, nuevamente el problema de ello viene a ser por cuánto tiempo permitimos que esa emoción se apodere de nosotros.

V – El Estrés:

La base del problema radica en una creencia que ha sido desarrollada por años y se ha convertido en una tendencia en los ejecutivos modernos, y es el tan común llamado estrés. Cuando conversa con alguien y le pregunta cómo está, parece casi de inmediato surgir la respuesta más obvia, "muy estresado" (o alguna de sus variantes).

Imagine por un momento que llega a la oficina de alguien y al usted preguntarle *¿cómo estás?* este le responde: "muy relajado…" *¿Cuál sería normalmente su primer pensamiento?* En la gran mayoría de los casos que he realizado esta pregunta, siempre me responden más o menos de la misma forma: esta persona no tiene nada que hacer; se está tomando las cosas muy a la ligera; no le interesa el trabajo; no es para nada profesional; no es productivo; lo más seguro es que solo se la pasa perdiendo el tiempo en lugar de trabajar… entre otras muy similares.

Y es que la creencia arraigada a nuestro subconsciente nos indica que para ser productivo y profesional, es necesario estar estresado. Esta es la razón por la que en muchos casos, nuestro subconsciente nos traiciona, postergando nuestras decisiones para mantenernos en ese nivel de estrés. Total, lo hemos convencido de que para ser exitosos y productivos, debemos estarlo.

El estrés es una respuesta natural y necesaria para la supervivencia, a pesar de lo cual hoy en día se confunde con una patología. Esta confusión se debe a que este mecanismo de defensa puede acabar, bajo determinadas circunstancias frecuentes en ciertos modos de vida, desencadenando problemas graves de salud.

Algunos de sus efectos son:
1. Los olvidos (incipientes problemas de memoria).
2. Alteraciones en el ánimo.
3. Nerviosismo y falta de concentración.
4. En las mujeres puede producir cambios hormonales importantes como dolores en abdominales inferiores, entre otros síntomas.
5. El estrés crónico está relacionado con los trastornos de ansiedad.
6. Cuando se presenta en forma excesiva o crónica constituye una enfermedad.
7. Puede alterar la vida de las personas, siendo aconsejable consultar a un especialista.
8. Se convierte en una adicción del cuerpo humano.

En resumen, el estrés hoy en día se confunde con una patología, aumentando el estado ilusorio de cansancio, bajar nuestras defensas

inmunológicas para estar más propenso a enfermedades y dejamos de pensar creativa y objetivamente.

El estrés nos produce:
- Descuidar nuestra capacidad productiva.
- Aumenta el estado ilusorio de cansancio.
- Baja nuestras defensas inmunológicas.
- Se está más propenso a enfermedades.
- Dejamos de pensar creativa y objetivamente.

Maneje el estrés y no deje que lo maneje a usted:
Existe un nivel de estrés que es positivo, es el que nos mantiene alerta ante las situaciones de riego que enfrentamos diariamente, estás pueden ser desde el camión al cruzar la calle o el escalón en la oficina. Cada vez es más frecuente que el estrés esté manejando la vida de más personas y determinando sus estados de ánimo, relaciones y hasta la vida. Ya no solo la caída de la bolsa de valores de New York ha causado el estrés suficiente en una persona para llevarlo a tomar la decisión de terminar con su vida, cada vez es más frecuente en ejecutivos jóvenes los ataques cardiacos productos del estrés, así como una extensa lista de otras enfermedades. Todo porque le hemos dado la bienvenida a una vida en la que le dimos el control al estrés para que maneje nuestra vida.

Algunas recomendaciones para manejar el estrés:
1. Comuníquese efectivamente. Se amable, expón la situación y procura no enfadarte, no tienes nada que perder y todo por ganar.

2. Practica técnicas de relajación. Las personas que las practican desarrollan una capacidad de autocontrol y gestión de sus emociones muy por encima del promedio.
3. Haz deporte. Practicar deporte de modo regular nos hace liberar endorfinas (una potente hormona anti estrés que segrega nuestro cerebro).
4. Tómate un descanso. Está demostrado que el cerebro rinde mejor si le damos un pequeño descanso (aunque sea de un minuto) por cada hora de trabajo.
5. Duerme lo suficiente. Una mente descansada es una mente preparada para manejar mejor el estrés diario.
6. Come sano. Según un estudio de la Universidad de Washington, las personas que tienen problemas con el manejo del estrés laboral suelen alimentarse de modo poco saludable.
7. Y si nada funciona ¡respira! Si el estrés hace su aparición y la ansiedad se apodera de ti, toma unos minutos y respira de forma controlada.

Estos son los principales enemigos y viven dentro de ti, dispuestos a hacer lo que tengan que hacer para impedir que abandones el fracaso. No son los únicos, lo cierto es que toda emoción o pensamiento negativo que permitimos en nuestra día a día, se convierte en un atentado contra nuestro éxito.

Ahora que ya los conoces, depende enteramente de ti convivir con ellos o echarlos fuera de tu vida y mantenerte lejos de su poderoso alcance. Recuerda que no podemos controlar lo que ocurra a nuestro alrededor, solo podemos controlar la forma y por cuanto tiempo nos afecta dentro de nosotros. Al fin de cuentas, es esto lo único de lo que necesitamos estar en control.

PASO 3
Tener visión.

Pasamos la vida entera tratando de encontrar el consentimiento de nuestras acciones y planes de las personas a nuestro alrededor, buscando en ellas el apoyo incondicional que esperamos y que por lo general nunca encontramos. Por el contrario lo que encontramos es un mundo lleno de negativas y decepcionantes frases como *"se realista, lo que deberías hacer es..."*. En la gran mayoría de los casos, estas personas, que por lo general son las más cercanas a nosotros, nos están procurando evitarnos el fracaso, un doloroso estrellón de cara contra el pavimento.

En ocasiones su amor llega a ser tan grande que se interponen entre nosotros y nuestras más altos ideales, *"si te atreves a hacerlo, ya verás..."*, *"luego no vas a venir llorando..."* tratando a toda costa que abandonemos nuestros planes y nuestras ideas. En la gran mayoría de los casos he podido entender que todas estas frases son producto de dos cosas: sus grandes y buenos sentimientos y, en otras ocasiones sus temores por tener que justificar porque algunos pueden y otros simplemente se convierten en espectadores. Haciendo honor a la verdad debo decirlo, en ocasiones me he dejado llevar por sus comentarios, por sus buenas intenciones, para descubrir más adelante que las grandes cosas se logran a base de sacrificios y no de buenas intenciones.

No permitas que nadie determine que tan lejos puedes llegar, porque la peor ofensa que puede recibir un ser humano, es que otro determine su futuro. Nadie tiene ese derecho, sin embargo es un poder que le otorgamos a los demás cuando aceptamos sus creencias limitantes para nuestra vida.

¿Cuál es tu destino?

Esta es una de las preguntas más intrigantes en la vida de un ser humano. La mayoría de las personas tienen una idea de a dónde le gustaría llegar y el resto solo tiene una vaga idea. Si usted no sabe a dónde va lo más seguro es que ya llegó, y esta es la forma en la que el 95% de las personas viven su vida, sin un destino, objetivo o meta superior que alcanzar quitándole de esta forma todo sentido a los esfuerzos que se realizan diariamente. La carencia de una meta es lo que le quita el significado a la existencia, hay personas que viven solamente para tolerar sus vidas, con un vacío existencial que no pueden explicar. En casi todos los casos que esto ocurre, podemos descubrir que no existe una meta que impulse y de significado a lo que hacemos.

Plantearnos la meta lo cambia todo.

Cuando nos planteamos una meta cambia todo nuestro panorama, lo cierto es que el solo planteárnosla no cambia nuestro entorno o nuestro presente, pero tiene un absoluto poder de cambiar nuestro futuro y otorga sentido, significado y valor a lo que hacemos en nuestro presente. Es encontrar la razón por la cual despertar por la mañana y saltar de la cama y ese por qué dar esa milla extra durante el día *¿qué es aquello que hace brincar tu corazón?*

Deja de ser realista:
Es probable que todo el mundo te esté diciendo lo contrario, se realista. Pero la realidad es que todo gran logro ha iniciado con una idea en la mente de alguien que por lo general no sabía cómo lo lograría y en la mayoría de los casos sin contar con los recursos necesarios para hacerlo. Esto es algo que podemos ver repetidamente en las historias de éxito de la humanidad, Tomás A. Edison, Albert Einsten, Alexander G. Bell, Bill Gates, Steve Jobs, Mark Zuckerberg, etc. En un principio no tenían todas las respuestas ni mucho menos todas las preguntas, desconocían los retos el implicaría y todos los recursos que requerirían; y creo que esto es parte importante en el proceso, el desconocimiento en algunas temas es vital para alcanzar el éxito, puedo imaginar que cada uno de los mencionados, de saber todo lo que necesitarían para ir de donde estaban hasta lograrlos, se habrían detenido. Todos empezaron con solo una idea *¿por qué sería diferente en su caso?* El no saber todo lo que se necesitara nos permite avanzar al próximo paso, para obtener lo próximo que se necesitará para avanzar al siguiente y así

consecutivamente. *"Cuando empecé el sitio tenía 19 años y no sabía mucho de negocios, pero empecé"* - Mark Zuckerberg.

Deja de ser realista, la realidad de lo único que viene a hablarte es de lo que fuiste en el pasado, recuerda que el resultado que tenemos hoy es solo un reflejo de quienes fuimos en el pasado y no representa una condena hacia el futuro.

Sin sacrificio no hay victoria:

El problema ha sido que las películas nos muestran secuencias de 30 minutos en las que transcurren 3 meses y el protagonista logra todo lo que desea, eso nos ha llevado a creer que la vida funciona de forma similar. La verdad es que siempre vamos a tener que estar dispuestos a renunciar a algo, la mejor definición de sacrificio que he encontrado es renunciar a algo de menor valor para lograr algo de mayor valor *¿a qué estoy dispuesto a renunciar en mi vida para lograr mis metas?* El solo hecho de plantearnos una meta no implica que la lograremos, debo estar dispuesto a renunciar a algo.

La vida es como un restaurante, nadie se va sin pagar su cuenta, es decir que yo puedo elegir entre pagar el precio por alcanzar mis sueños o pagar el precio por renunciar a ellos, siempre hay un precio que pagar. Si elijo pagar el segundo entonces no tendré ningún motivo verdadero para quejarme de aquello que la vida me dé porque ha sido una elección personal.

Tomar acción:

Es aquí cuando la mayoría se detiene y por ello es que todo queda en una idea bonita o un sueño irrealizable. La primera de las acciones que debo tomar es hacer un plan para lograr lo que se quiere, esto no implica como mencionamos que tengamos todas las respuestas ni mucho menos todo lo que necesitaremos para alcanzar el objetivo que nos estamos trazando. Sin importar la meta que quieras trazarte, en este momento ya cuentas con lo necesario para dar el primer paso, tomarte el tiempo para hacer en plan, una vez lo hagas descubrirás lo que necesitas para dar el siguiente. Uno de mis autores favoritos, Paulo Cohelo lo dice de una forma muy inspiradora *"cuando quieres realmente una cosa, todo el universo conspira para lograrlo"*. Dicho de otra forma, solo a quien empieza a caminar le aparece el camino delante de él.

Lograr una meta es como conducir un automóvil, no tienes que ver el camino completo hasta tu destino, lo único que necesitas ver son los próximos treinta o cuarenta metros delante, una vez avanzas los próximos se te mostrarán. Recuerda, lo que deseas lograr, desea que lo logres.

No hay correctos e incorrectos:

La vida no debería medirse entre aciertos y desaciertos, debemos aprender a medir entre resultados y aprendizaje. No hay un solo plan que esté libre de fallas y aun cuando lo esté, es inevitable que tengamos que hacer ajustes en el camino. Cuando se hace plan las condiciones y factores son A, mientras lo ejecutamos dichas condiciones siempre estarán en permanente cambio, nada es lo suficientemente estático durante el transcurso del tiempo como para pretender elaborar un plan que no requiera hacer ajustes y mucho menos el que tomemos decisiones equivocadas, las cuales debemos aprender a aceptar como la fuente más importante de aprendizaje en nuestro camino.

Si quieres ir a algún lugar, no le preguntes a quien no ha llegado.

Porque serán aquellas personas que te digan que no lo lograras, las que estarán tratando de justificar que aceptaron su futuro como una réplica de su pasado. He descubierto que todo aquel que ha llegado, está dispuesto siempre a dar una mano a quien lo pide. Cuándo intentas lograr algo lo suficientemente grande siempre se pasa por un proceso con las personas en nuestro entorno, primero te dirán que tú no puedes, al ver que no podrán detenerte intentarán decirte cómo hacerlo y finalmente cuando lo logras dirán que siempre creyeron en ti.

Déjate ayudar por aquel quien ha triunfado, ha sobresalido o busca quien ha conseguido lo que tanto anhelas para tu vida. Permite que sea esa persona quien te de la orientación. Sabio es aquel quien tiene la capacidad de aprender de quien le rodea, sin asumir que lo que él piensa, dice o hace es lo correcto. Necio es aquel que piensa ser dueño de la verdad absoluta. Si bien es cierto, la única verdad que realmente existe es que la verdad absoluta no existe. Toda realidad es creada de acuerdo al punto de vista desde el cual se está observando.

Aprende a escuchar, pero aprende a hacerlo con sabiduría. Permítete ser guiado por el conocimiento de quien ha logrado lo que deseas y no por aquellos llenos de sólo buenas intenciones, sabiendo que en las buenas intenciones también encontramos ideas que podremos utilizar. Sabio es aquel quien puede reconocer que todo ser humano es mejor que él mismo, en por lo menos un aspecto. No se pueden lograr grandes cosas sin escuchar a los demás, esto sin permitir que sean ellos los que determinen el destino de nuestra vida.

Reflexión:

Anote las respuestas a las siguientes preguntas.

¿Cuál es su más alta visión de usted mismo? (Mire hacia adelante)

¿Cree usted que puede logarla?

¿Cuál sería el primer paso que necesita dar para logarla?

¿Cómo puede aplicar los principios de este capítulo?

PASO 4
La llave que abre todas las puertas.

El significado de humildad ha sido confundido de generación en generación por el significado de pobreza. Aprendemos desde pequeños a decir *"es que somos humildes"* o *"ellos son bien humildes"* para referirnos a los niveles de escases y limitaciones económicas propias o ajenas. Lo cierto es que nada tiene en común una con la otra, he podido conocer personas con abundancia de dinero de gran humildad y personas sin recursos con una sobre abrumadora arrogancia. El autor Ken Blanchard lo expresa de una forma muy sencilla *"Humildad no es pensar menos de usted, es lo que le hace pensar menos en usted"*.

En lo personal y creo que has podido notarlo en la lectura de estas páginas, cuando tengo que entender sobre un tema recuro a una fuente abundante de sabiduría, el diccionario. Según éste, humildad significa *"Virtud que consiste en el reconocimiento de las propias limitaciones y debilidades y en obrar de acuerdo con este conocimiento"*. La primera parte del problema es que pretendemos vivir una vida basada en el reconocimiento de nuestros logros y fortalezas más que en las limitaciones y debilidades, debido a que pensamos que si mostráramos nuestra debilidad seremos considerados menor o de menor valía. La pregunta es *¿quién no tiene limitaciones y debilidades?*, siendo así cómo podríamos ser considerados de menor valor al mostrarlas si cada quién tiene las suyas diferentes a las de los demás. La segunda parte del problema radica en la definición de humilde *"que vive modestamente."*, en ninguna parte dice que es una persona con carencias, es decir es alguien quien ha aprendido a vivir modestamente según lo que tiene, sin caer en que se convierta en la aceptación de ello como una limitación o conformismo. Es vivir nuestra vida modestamente sin ir más allá de lo que tenemos por guardar una apariencia. Este es un principio fundamental para alcanzar el éxito.

Hoy en día vivimos en una sociedad basada en el consumo, bombardeados por la publicidad que nos vende la idea que el éxito e incluso la felicidad está asociado con la posición de determinados bienes, productos o servicios que nos brindarán placer, lo cual no deja de ser una verdad, a medias, pero una verdad. El problema es cuando esos placeres temporales nos dejan posteriormente con amargura, resentimiento o cualquier otro sentimiento negativo por haber hecho lo que no debíamos hacer.

Debido a estas confusiones en nuestra mente, rechazamos casi inmediatamente el aplicar la humildad a nuestras propias vidas. La cual más allá de ser un estado financiero, o una cualidad de la personalidad, la humildad es una virtud que consiste en el conocimiento de nuestras propias limitaciones y debilidades. Cuándo aprendo a reconocerlas puedo trabajar en ellas para cambiarlas, cualquiera que esta sea. Puede ser el área personal, relación, financiera, familiar, etc., indistintamente de cuál sea, tienes la oportunidad de transformarla en lo que deseas para tu vida, solo cuando se tiene la valentía de reconocerla.

El orgullo anticipa el fracaso.

El orgullo es un espejo borroso:
La mayor muestra de orgullo se evidencia cuando decimos de nosotros mismos que estamos carentes de el. La naturaleza humana parece conducirnos de forma automática hacia el camino del orgullo disfrazado de muchas ocasiones de vanidad o exceso de estimación propia, todo lo contrario a la humildad. Todos, en algún momento de nuestras vidas o en nuestro diario vivir nos dejamos llevar por esos sentimientos contrarios que atentan contra nuestro propio éxito. Y es que nos vemos a nosotros mismos en ese espejo en el que hemos procurado tapar las áreas de limitaciones y debilidades para solo ver aquellas cosas que queremos ver, evitando vernos tal como somos, ese es el espejo borroso del orgullo. Cuando nos vemos en el, no tenemos forma de reconocer aquellas áreas en las que debo y puedo trabajar.

El orgullo produce:
Toda acción tiene sus consecuencias, y el orgullo no escapa de esa gran verdad. Veamos algunas de los efectos más comunes que causa.

- **Acusaciones:** Alguien debe tener la culpa. Todas nuestras acciones por lo general están completamente justificadas, lo que hicimos tenía una razón, sin embargo alguien más ha cometido un error.

- **Nos limita:** Como la culpa es de alguien más, me niego a mí mismo ser parte del problema por lo cual no puedo descubrir mis limitaciones para trabajar en ellas.

- **Desconocimiento:** Nos lleva a pensar que ya sabemos todo lo que necesitamos saber y que no deberíamos aprender nada nuevo o adicional a lo que sabemos. Y es que pensamos en nosotros por lo que creemos que somos capaces de lograr, no por lo que verdaderamente estoy logrando.

- **Inseguridad:** Debe hacerse a mi modo. Es que aceptar ideas o sugerencias de otros nos hace sentir inseguros, es tener que aceptar que estamos equivocados y que la otra persona tiene una mejor idea.

- **Aislamiento:** Debido a la necesidad de tener la razón, evitamos estar con otras personas, aun cuando estamos rodeadas de ellas. Esta es la forma más común de evitar la confrontación.

- **Yo soy así:** Una frase que escuchamos frecuentemente que solo nos conduce a limitar nuestra vida, lo que en el trasfondo de la misma estamos diciendo es que no tengo la capacidad de cambiar algo en mí, aun cuando sé que esto me puede estar afectando a mi o a otros.

¿Cuál de las anteriores se manifiesta en mi vida y en qué momento?

Obrar de acuerdo con este conocimiento.

La humildad no es algo que logramos, es algo con lo que debemos trabajar todos los días. En muchas ocasiones por escasos actos de humildad llegamos a considerarnos humildes, aun cuando durante la mayoría del tiempo estemos actuando con vanidad o arrogancia. Esto me recuerda una historia que he leído en varias ocasiones y comparto a continuación:

> *Una noche, un indio le dijo a su nieto sobre una batalla que acontece adentro de las personas. Él dijo: – Hay una batalla entre dos lobos que viven dentro de todos nosotros. Uno de ellos es Malo: su maldad él la muestra a través es la ira, envidia, celos, tristeza, avaricia, arrogancia, autocompasión, culpa, resentimiento, inferioridad, orgullo, engaño, superioridad y ego. El otro es Bueno: y su dulzura la demuestra a través de la alegría, fraternidad, paz, esperanza, serenidad, humildad, bondad, benevolencia, empatía, generosidad, verdad, compasión y la fe.*
>
> *El nieto pensó por un minuto y luego preguntó a su abuelo: - ¿Qué lobo gana?*
> *El indio le respondió: - "El que más alimentes".*
> *- ¿Abuelo y como sabré a cuál de los dos estoy alimentando más?*
> *A través de las actitudes que tu tomes cada día, sabrás a cuál de los dos estas alimentando más*
> *El mal nunca gana al bien, a menos que lo alimentes.*

¿Cuál lobo está alimentando más diariamente? (todos los días) según la lista a continuación, haga una marca cada vez que ha manifestado dichas actitudes en por lo menos una vez en la reciente semana. Es decir, si alguna se manifestó dos veces en un día y tres en otro, son cinco

marcas. Tómese un tiempo para hacer este ejercicio, en ocasiones nos cuesta un poco recordar cuando hemos tenido esas emociones ¿*valdría la pena saber cuál lobo ganará en nuestra vida?*

El Lobo Malo		El Lobo Bueno	
Ira		Dulzura	
Envidia		Alegría	
Celos		Fraternidad	
Tristeza		Paz	
Avaricia		Esperanza	
Arrogancia		Serenidad	
Autocompasión		Humildad	
Culpa		Bondad	
Resentimiento		Benevolencia	
Inferioridad		Empatía	
Orgullo		Generosidad	
Engaño		Verdad	
Superioridad		Compasión	
Ego		Fe	
Total		Total	

Nota: Totalice y descubrirá a cuál de los dos lobos en su vida está alimentando más, que terminará siendo más fuerte y por consiguiente siendo el vencedor.

Lo importante es aprender a reconocernos para trabajar en mejorar diariamente, como dice el diccionario *"obrar de acuerdo con este conocimiento"* es lo que nos permitirá tener una mejor disposición para aprender y avanzar hacia el logro de cualquier objetivo que nos proponemos, manteniendo un sano balance de armonía en nuestras emociones que nos permitirá disfrutar de cada uno de nuestros días y ser feliz en el proceso.

De experto a aprendiz.

Algo que disfruto mucho es ser un aprendiz de la vida. *"Daría todo lo que sé, por la mitad de lo que no sé"* – Descartes. En mi caso estoy seguro que daría todo lo que sé, por conocer y saber el 10% de toda la información del universo que desconozco *¿Cuánto representa todo mi conocimiento versus el conocimiento universal?*

Tenemos una amplia necesidad de sentir que lo sabemos todo o al menos pretender que sabemos todo lo que necesitamos. Algo de lo que puedo estar seguro es que de saber todo lo que necesito, ya habría logrado todo lo que me propongo. Permítame ampliar un poco más sobre este punto. Todo lo que hacemos, lo hacemos en función de lo que sabemos y si ya supiera todo lo necesario para alcanzar lo que me propongo, ya lo estaría haciendo *¿es correcto?* Debemos aprender a vivir nuestra vida más en la duda que en el conocimiento, pues solo así podremos añadir nueva información que nos permita avanzar y crecer hacia el logro de nuestros objetivos, sueños y metas. Para esto se requiere tener una gran humildad, es decir *"obrar de acuerdo con este conocimiento"* de nuestras limitaciones y debilidades *¿Cuáles son las áreas en las que necesito crecer?*

La humildad no es algo que se tiene o no se tiene, ni tampoco es algo con lo que se naces, realmente es la lucha diaria que llevamos por dentro en la que los dos lobos se disputan por hacerse más fuertes y sobrevivir por encima del otro. Es algo con lo que debemos aprender a trabajar diariamente si realmente queremos alcanzar el éxito integral en

nuestras vidas, estoy seguro te has podido percatar que este libro no trata de alcanzar riqueza, lo que hemos asociado al éxito, tampoco se trata de no tenerla. Realmente de lo que si se trata es de lograr tener una vida exitosa de forma integral, lo que incluye también el área financiera, riqueza y posesiones materiales.

El fruto de la humildad:

- Cuando usted posee humildad... puede reconocer la grandeza de otras personas a su alrededor y permitirse aprender de ellas.
- Cuando usted posee humildad... actúa conforme a sus limitaciones formulándose expectativas reales que le garantizarán el éxito.
- Cuando usted posee humildad... y posee grandes metas, busca la forma de sobrepasar sus limitaciones.
- Cuando usted posee humildad... se puede dar la oportunidad de mejorar continuamente y lograr todo su potencial.
- Cuando usted posee humildad... se apodera de la virtud más grande que puede poseer un ser humano y atrae personas similares a su vida.
- Cuando usted posee humildad... puede reconocer en usted que posee dentro de sí un gran potencial que no ha sabido utilizar para alcanzar lo que desea.

La humildad rodea a quien procura alcanzar el éxito de forma integral en su vida, aportando valor incontable a sus actos. Por otro lado la falta de humildad nos convierte en personas egocéntricas, alejados de descubrir nuestros más altos ideales, creyendo que podemos hacerlo por nosotros solos o con nuestras fuerzas únicamente.

Sin importar sus creencias, debe reconocer que esa máquina perfectamente diseñada para triunfar que es usted, ha sido creada por un ser superior, nuestro fabricante. Cualquier que sea tu idea de Él, ten la humildad para reconocer que ni aún con todos los adelantos científicos de los últimos millones de años de la humanidad, existe aún la tecnología suficiente para crear el más pequeño pensamiento.

Lo bueno se convierte en lo mejor.

La humildad le ayuda a aprender:

Fuimos creados para triunfar, pero programados para fracasar. Toda nuestra vida ha sido basada en las limitaciones, sin embargo vivir con humildad nos permite aprender a reconocer las mismas, no para conformarnos y aceptarlas como hechos, sino para trabajar en desafiarlas y crecer por encima de ellas. Nos ayuda a aceptar que el éxito viene precedido de muchos intentos fallidos y saber que cada uno de ellos nos acerca un poco más hacia nuestro éxito, cuando tenemos la disposición de aprender de ellos.

Dejar la perfección:

Todos decimos saber que no somos perfectos, entonces *¿por qué nos enfocamos en ella?* escuchamos constantemente frases como *"si no sale bien es que no se puede lograr"*, lo que verdaderamente significa es que si no sale bien, aún no he descubierto la forma en la si puede funcionar. La humildad nos permite abandonar la perfección para continuar intentando, hasta logarlo.

Sacar lo mejor de nosotros:

La historia está llena de famosos errores que se convirtieron en grandes éxitos por el camino de la persistencia. Una limitación es el límite al que podemos llegar en determinada área, la pregunta es *¿cómo podemos vencer ese límite?* Para cada quien la respuesta es diferente, pero para todos el vencerlo inicia con esta pregunta. El ser conscientes de nuestras limitaciones nos permite sacar lo mejor de nosotros mismos.

Reflexión:

¿Cuáles son mis áreas de debilidad y limitaciones?

    Haga una lista.

¿Qué puedo hacer para trabajar con ellas?

    Seleccione una de la lista y trabaje con ella por 30 días.

    Busque ayuda de ser necesario.

¿Cómo puedo mantenerme humilde?

    Acciones a realizar.

PASO 5
¿Estoy cambiando o la vida me cambia?

Mucho se dice que a la gente no le gusta cambiar, lo cierto es que la gente ama el cambio y es muy sencillo descubrirlo, pregúntele a cualquier persona *¿le gustaría cambiar su vida actual por su vida ideal?* y estoy casi seguro de saber cuál sería la respuesta, al menos en la gran mayoría de los casos. Las personas no le temen al cambio, a lo que le temen es al proceso de cambiar ellos, al viaje desde el punto en el que están al punto al que desean llegar *¿es usted uno de ellos?*

Cuando hablamos de cambiar, y aceptamos que necesitamos hacerlo, llegamos a creer que un solo cambio nos proporcionará llegar a nuestro destino. Un cambio es como una parada de autobús, que nos ayuda a avanzar en la dirección hacia lograr nuestro objetivo final. El único factor en nuestras vidas que no cambia, es que el cambio se mantiene presente todos los días, estemos preparados para él o no. Prepararnos para el cambio significa prepararnos para aprovechar las oportunidades que trae consigo. Y es que, si todo está cambiando en mi entorno, debo yo acompañar dicho cambio para poder comprender las nuevas oportunidades que trae consigo. Una de mis tiras cómicas favoritas es Mafalda y debo decir que Quino, me parece un autor social con una genialidad única, en una de sus publicaciones dice *"Resulta que si uno no se apura a cambiar el mundo, después es el mundo el que lo cambia a uno"*. Esto es una gran verdad, estamos cambiando o el mundo se encargará de cambiarnos.

El cambio a nuestro alrededor ocurre diariamente de forma casi imperceptible, y es esto lo único que no cambia, es por ello que si queremos acercarnos a nuestro éxito, es necesario mantenernos cambiando constantemente. El gran poeta inglés William Ernest Henley supo expresarlo de una forma maravillosa *"soy el capitán de mi destino"*. Y realmente lo somos, si estamos dispuestos a ser como el capitán de un velero, quien se mantiene en constante revisión de su rumbo y ajustando la dirección de su timón o como el que deja su nave en el puerto para sentirse seguro. Un cambio es el ajuste necesario para contrarrestar los efectos del viento en nuestra dirección, ningún mar en calma ha hecho a un buen marinero. Un buen capitán se forma en medio de las tormentas y desafíos en el mar, no en un puerto.

Nicolás Maquiavelo dijo: «*No hay nada más difícil que hacer, más peligroso de llevar a cabo, o más incierto de su éxito, que tomar la dirección para introducir un nuevo orden de cosas*».

El cambio es fácil, cambiar es difícil.

Galileo Galilei con su telescopio demostró la teoría de Copérnico, de que la tierra no era el centro del universo; la tierra y los planetas giraban alrededor del sol. Sin embargo, cuando trató de cambiar las creencias de la gente fue perseguido, encarcelado y pasó el resto de su vida bajo arresto domiciliario. No creo que en los tiempos actuales al introducir un cambio debamos pasar por situaciones similares, el punto que deseamos ilustrar con esta historia es que debemos estar dispuestos a pagar el precio del cambio, sea que cambiemos o no. Remontándonos a la historia, seguramente Galileo tuvo la oportunidad de retractarse en algún momento, de haberlo hecho lo más probable es que hoy estaríamos mencionando a otra persona y él habría sido alguien que no estuvo dispuesto a pagar el precio de introducir un nuevo cambio de pensamiento, sin embargo estuvo dispuesto a pagar el precio.

Invictus - William Ernest Henley

Más allá de la noche que me cubre,
negra como el abismo insondable,
doy gracias al dios que fuere
por mi alma inconquistable.

En las garras de las circunstancias
no he gemido ni llorado.
Sometido a los golpes del destino
mi cabeza sangra, pero está erguida.

Más allá de este lugar de ira y llantos
donde yace el horror de la sombra,
la amenaza de los años
me halla, y me hallará sin temor.

No importa cuán estrecho sea el camino,
ni cuán cargada de castigos la sentencia,
soy el amo de mi destino,
soy el capitán de mi alma.

Ningún destino al que valga la pena llegar para disfrutar, tiene atajos. Los atajos en el camino al éxito solo representarán la distancia más larga desde punto de inicio a dónde quieres llegar. Sigue la línea correcta y podría casi garantizarte no solamente que llegarás, sino también que lo que harás más rápido.

La zona de confort.

A todos nos gusta estar en nuestra zona de confort, aunque así se le llame no resulta nada cómodo quedarse en ella. La mayoría piensa que mientras está ahí, se encuentra en un área de seguridad; más allá de esta zona se encuentra la zona de aprendizaje en las que vamos  añadiendo nuevos conocimientos y estas se convierten en las áreas donde muchos se quedan. Con regularidad comento sobre la diferencia entre conocimiento y experiencia debido a que hemos confundido estos principios, por ejemplo: una persona que tiene diez años en un mismo empleo, no tiene diez años de experiencia, tiene un año de experiencia y nueve de repetición. En el primer año ha sido capaz de conocer todo lo necesario para poder ejecutar con eficiencia las responsabilidades que implica y el resto de los años ha repetido las mismas acciones para lograr los resultados, así que han sido nueve años de mantenerse en la zona *"cómoda"* en la que no se requiere de ir a la siguiente área de temor a lo desconocido.

Cambiar es crecer.

Estemos preparados o no para cambiar, cambiaremos por nuestra propia iniciativa o por la iniciativa de alguien más. Cuando es otro quien determina nuestro cambio, es él quien ha tomado la posición de mando como capitán de nuestro destino. El cambio siempre se mantiene presente en nuestras vidas y este nunca toca a la puerta preguntando si estamos preparados o no. Es por ello que debes ser consciente de la necesidad de mantenernos cambiando constantemente. El día que dejamos de permitir el cambio en nuestras vidas, ese día, dejamos de avanzar, de crecer, de desarrollarnos y de triunfar. Lo cierto es que podemos dejar de cambiar, pero la vida nos cambiará queramos o no.

Cuando está cambiando, en la dirección correcta, usted está añadiendo nuevas experiencias a su vida, es decir, está creciendo.

Cuándo deja de cambiar, usted está terminado.

Cuando dejamos de cambiar, es cuando hemos perdido la humildad de reconocer que aún podemos dar más de nosotros mismos y nos convertimos en nuestros propios enemigos, hemos llegado a ser todo lo que podemos ser, renunciando a nuestro potencial. Porque de algo estoy casi convencido, si ya usted fuera todo lo que puede ser, ya tendría todo lo que anhela tener. Si no lo tiene, permítase un cambio. Alguien dijo alguna vez que la definición de locura era pretender

continuar haciendo lo mismo y obtener resultados diferentes. Definición que he procurado aplicar en mi vida, permitiéndome hacer cambios a diario que me permitan alcanzar metas más elevadas.

Cuando no cambiamos, corremos el riesgo de ser cambiados.

Un místico del Medio Oriente dijo: «De joven mi oración permanente a Dios era: Señor, dame la energía para cambiar el mundo. Cuando llegué a la madurez y vi que había pasado parte de mi vida sin cambiar a nadie, mi oración se cambió a: Señor, dame la gracia de cambiar a los que están alrededor, sólo a mi familia y amigos, y estaré satisfecho. Ahora que soy viejo y mis días están contados, he comenzado a entender cuán necio he sido. Mi única oración ahora es: Señor, dame la gracia de cambiar yo mismo».

Por lo general cuando hablamos de cambios, siempre pensamos que el universo debe cambiar, que las personas en el trabajo deberían, que nuestros amigos, familiares, parejas, etc., todos deberían cambiar, pero *¿no debería yo cambiar un poco?* Pretendemos que todos a nuestro alrededor cambien para que se ajuste a mi forma de pensar, sin reconocer que es más fácil cambiar nosotros e inspirar a otros a cambiar por medio del ejemplo. Piense por un momento, *¿cuántas personas en su entorno le gustaría que cambiaran en por lo menos un aspecto?* Sin importar la respuesta, creo que el resultado fue a más de una. Si es así, porque no empezar por la persona más importante a su alrededor, esa persona con la que pasará inevitablemente el resto de su vida, con quien más conversaciones y desacuerdos tendrá, ¡si! ¡Usted! Con nadie pasará más tiempo que con su propia persona. Así que, todo cambio vale la pena iniciarlo por nosotros mismos, ésta sería la forma más precisa de evaluar si un cambio vela le pena ser implementado, si yo estoy dispuesto a aplicarlo en mi vida y modelar para lograr influir en otros para que hagan dicho cambio.

En una sesión de Coaching, una amable Señora me comentaba sobre su difícil situación actual con su pareja, la falta de comunicación, los problemas, las discusiones, en fin, es probable usted también conozca lo difícil que suelen ser las relaciones. Luego de escucharla atentamente con una gran sonrisa mi respuesta fue *¿y por qué no cambia a su pareja?* podrá imaginar la expresión de sorpresa que lanzó (probablemente igual que la suya) sumado a su desaprobación ante tal insinuación, a lo que le expliqué que no le decía que cambiara de pareja, sino que se convirtiera en una persona capaz de hacer cambiar su pareja. Es normal que deseemos cambiar a todas las personas, pero para ello debemos convertirnos en personas que podamos ejercer la influencia necesaria para cambiarlas, nuevamente volvemos a lo básico del cambio, siempre empieza por uno mismo. Podrá impactar la vida de más personas por medio de su cambio, que procurando el de los demás.

Influimos en el cambio.

Todos influimos en las personas a nuestro alrededor, todos los días. Nunca sabremos el poder que tienen nuestras acciones y/o palabras en la vida de otra persona. Desde una sonrisa, un gesto amable o una palabra de aliento pueden cambiar por completo el día de quien la recibe, de la misma forma le cambiamos el día a alguien cuando hacemos lo contrario. Lo más importante es el tipo de influencia que estamos ejerciendo *¿tengo la influencia para ayudar a cambiar positivamente a otros para que pueden llegar a ser la mejor versión de ellos?* No cambiamos a la gente para que se conviertan en lo que nosotros queremos o necesitamos, debemos aprender a ayudar a la gente a ser lo mejor que pueden llegar a ser para ellos mismos, éste es un acto desinteresado que al final nos brinda una gran cantidad de beneficios a nosotros en igual medida; es inevitable que cuando hace algo desinteresado por alguien, la vida le premie de alguna forma inesperada.

Superar el miedo a cambiar:

No le tenemos miedo al cambio, le tememos al proceso cambiar nosotros mismos, a salirnos de nuestra zona de confort e ir a nuestra zona de aprendizaje porque pensamos que abandonamos la zona de confort, cuando en realidad lo único que estamos haciendo es expandiendo nuestra zona. Una vez usted aprende algo nuevo y adquiere la experiencia de hacerlo, esto pasa de inmediato a su zona de confort. Esto es ir a la zona en la que ocurre la magia y el crecimiento. Puede pensar que es muy arriesgado salir de su la zona de confort, más no hay nada más arriesgado que quedarse en ella.

Hay muchas personas a las que les encanta estar en la zona de aprendizaje constantemente añadiendo conocimientos a su vida, lo que es positivo solamente cuando este conocimiento nos lleva a la zona de experiencias. Hace algunos años atrás se decía mucho que *"el conocimiento es poder"*, creo que aún se utiliza esa frase en algunos círculos. Conozco muchas personas llenas de conocimientos viviendo una vida que no están disfrutando. Un ejemplo muy frecuente es escuchar y conocer historias en toda Latinoamérica de personas graduadas de la difícil carrera de medicina que conducen taxis, creo fervientemente que todo trabajo honrado es honorable y que la profesión no determina quién eres ni mucho menos, quién puedes llegar a ser. Tienen una alta preparación y conocimiento, igual a la que todos sus compañeros con los que se graduaron, entonces *¿qué hace la diferencia entre unos y otros?*, es que el conocimiento es solamente poder en potencia, mientras no sea llevado a la práctica. Un día escuche unas palabras muy sabias de un predicador *"si aplicáramos en nuestras vidas todos los mensajes que hemos escuchado, no habría necesidad de volver a predicar más que a los nuevos creyentes"*, esta verdad se aplica a todas las áreas de nuestra vida, si ya aplicáramos todo lo que sabemos, no tendríamos necesidad de aprender algo nuevo en veinte años.

Superar el miedo a cambiar solo se puede lograr saliendo hasta la zona de crecimiento en la que ponemos en práctica lo aprendido, sabiendo que es probable que no a la primera vez podamos lograrlo, pero eso es lo divertido, intentarlo una y otra y otra vez, hasta lograrlo.

Seis sencillos pasos que le ayudarán al cambio:

Cuando se encuentre en una situación de cambio aplique estos seis principios que le ayudarán a determinar cuál es la mejor alternativa y le harán más placentero el realizarlo.

- **Primero lo primero:** Pida guía Divina, es la mejor ayuda que podrá encontrar para determinar el camino correcto. No solamente es importante avanzar, sino avanzar en la dirección adecuada.

- **Reflexione:** Recuerde que todo cambio trae consigo la oportunidad. Dedique el tiempo que sea necesario para encontrar esa oportunidad que puede transformar su vida y cuanto tenga opciones, dedique este tiempo a analizar la que mejor se ajustará a lo que desea lograr.

- **Anote:** Las herramientas básicas de todo gran genio: "papel y lápiz", seguro le aportarán grandes ideas sobre el cambio. Anote todo lo relacionado, haga esquemas que le ayuden a ver más claramente los desafíos y oportunidades.

- **Auto – sugestión:** Aprenda a disfrutar de los cambios. Cuando se encuentre en una situación de cambio dígase a usted mismo *"estupendo, tengo una nueva oportunidad"*. Estimularse positivamente, le aportará mejores resultados que hacerlo de forma negativa ¿no cree usted? La otra opción es decirse a sí mismo *"no puedo cambiar"*, de la misma forma se está sugestionando, en sentido negativo.

- **Pregúntese:** Utilizando las herramientas del genio, desarrolle las siguientes preguntas *¿Qué tiene de bueno este cambio y cómo le obtendré el mayor beneficio?, ¿qué tiene de malo y cuáles son sus implicaciones?* Recuerde siempre, el que busca, encuentra.

- **Finalmente:** Continúe buscando permanentemente, el cambio trae consigo las oportunidades. Aun cuando no la encuentre, aventúrese a continuar con el cambio. Sir Hugh Walpole dijo: *"No juegue a lo seguro. Es el juego más peligroso del mundo"*.

Cada vez que tomamos una decisión de cambio en nuestras vidas, nos sumergimos en un vasto océano que contiene dentro de sí un, universo inexplorado hasta ese momento de infinitas posibilidades. El cambio es una aventura para disfrutar.

Empiece a visualizar cada nuevo cambio en su vida de la misma forma en la que se imagina irse de viaje, dibújese una imagen clara de lo que desea lograr, haga un plan para lograrlo, cambie lo que necesita cambiar y si algo falla en el intento, vuelva a cambiar el plan hasta lograrlo, pero no cambie la meta.

PASO 6
Diseñado para triunfar.

¿Quién soy? – Dietrich Bonhoeffer (Extracto)

¿Quién soy yo? me preguntan con frecuencia
(…)
¿Quién soy? ¿Éste o aquel?
¿Seré hoy éste, mañana otro?
¿Seré los dos a la vez?
¿Ante los hombres, un hipócrita,
y ante mí mismo, un despreciable
y quejumbroso debilucho?
¿O bien, lo que aún queda en mí

se asemeja al ejército batido
que se retira desordenado
ante la victoria que creía segura?

¿Quién soy?
Las preguntas solitarias se burlan de mí.
Sea quien sea, tú me conoces,
tuyo soy, ¡oh, Dios!

Ciertamente una de las preguntas que más desconcierta a todo ser humano *¿quién soy?* y no creo que pueda ser yo quien pueda definir esa respuesta, pues creo que es tan única individual como cada ser humano. No puedo tener una respuesta más allá de que somos la maravillosa y esplendorosa obra maestra de nuestro creador. Así es, es lo que yo creo firmemente, somos es pieza única e irrepetible creada con la esencia de la perfección dentro de nosotros, destinados a la grandeza, al éxito y sobre todo a ser felices, y tú *¿quién eres?* al responder esta sencilla pregunta *¿podrías ir más allá de tu nombre?* Posiblemente podrías llegar a una breve reseña de tus títulos, logros o de las huellas que has dejado, cuando te miras al espejo *¿qué ves?*

Debemos aprender a mirar más allá de donde nuestros ojos pueden ver, a mirar con visión. Como bien dijo la invidente Hellen Keller *"lo peor que no tener vista, es tenerla y no tener visión".* Tener una buena visión de nosotros mismos es aprender a reconocer que lo qué somos en la actualidad es simplemente el reflejo de quienes fuimos en el pasado, es el reflejo de nuestros pensamientos, acciones y sentimientos de una vida que ya paso. No podemos entender nuestra actual situación como un punto lo que soy, ¡no! de ninguna manera, esto es lo que fui en el pasado.

¿Quién soy?

Sin pretender gozar de la verdad universal, permíteme compartir contigo algunos conceptos, posiblemente acertados o posiblemente no. Al final de cuentas la verdad para la mayoría es solamente aquellos que aceptamos como tal y para cada quien es única, esto no significa que tengamos o no la razón, simplemente se convierte en nuestras creencias, y es que las creencias siempre serán más fuertes que la realidad.

Ciertamente creo que la respuesta a esa pregunta *¿quién soy?* la hemos estado buscando en el sitio equivocado, la buscamos en el presente, en el hoy, en lo que hemos logrado o lo que no hemos logrado y estos se convierten en puntos inexactos de referencia para encontrar una respuesta real. Tal como mencionamos anteriormente, todos esos puntos de referencias (hoy) son el reflejo del pasado, de quienes fuimos, eso es lo que hace que la respuesta sea inexacta. Probablemente la respuesta deba ser cambiada para poder encontrar una respuesta acertada, que tal si cambiamos la pregunta a *¿quién fui diseñado para ser?*, a diferencia de la primera pregunta, esta nos puede revelar un poco más sobre aquello a lo que estamos destinos a hacer, a lograr o potencial por desarrollar, y creo que esta es la verdad sobre *¿quién soy?*, en lugar de buscar en el presente que refleja el pasado, para contestarla debemos mirar al futuro, ver quién fui destinado a ser.

Realizando una encuesta con una pregunta sencilla *¿Por qué va a trabajar todos los días?* Una gran cantidad respondieron a esta pregunta con *"porque todo el mundo lo hace"*. Muchas veces nos levantamos por la mañana porque ha sonado el despertador y no porque tengamos algún propósito definido para ese día.

Cambiando mi visión.

Hemos sido creados para triunfar, pero programados para fracasar. Desde pequeños hemos sido influidos por el condicionamiento del "no", el cual en sus inicios se convierte en una forma de mantener nuestros sentidos alertas antes determinadas circunstancias en nuestra

vida y luego pasan a ser una limitación en nuestra existencia. Lo que nos enseña es a establecer un patrón de conducta que nos impide intentar hacer algo más allá de lo establecido como correcto o aceptable por nuestros padres. El problema es que toda esa información va pasando inevitablemente a nuestra mente subconsciente convirtiéndose en la creencia de que no debemos intentar.

- NO hagas eso porque…
- NO subas porque te caes…
- NO lo intentes porque puedes fracasar…
- NO toques…
- NO mires…
- NO hables alto…
- NO, NO, NO y NO…
- ¿y por qué?
- PORQUE NO…

Imaginemos por un momento lo que pasaría si cambiáramos los estímulos negativos anteriores por estímulos positivos, por ejemplo:

- Si vas a hacer eso… ten cuidado de…
- Ten cuidado de agarrarte bien al subir…
- Si lo vas a intentar, piensa en cómo lo vas a hacer…
- Tómalo con cuidado que no se te vaya a caer…
- Mira lo que debes mirar…
- Habla en un tono adecuado…

¿Puede notar la diferencia? Lo que estaríamos creando sería un modelo más acertado con la vida real que tenemos que aprender a vivir. Un ejemplo

de ellos es que para los padres es aceptable que mientras un hijo está aprendiendo a caminar debe caerse. Es por ello que cuándo lo hace sonríe y dice levántate. De la misma forma podemos hacer en el resto de las acciones.

Algo que he aprendido es que todos tenemos derecho y el potencial para triunfar. Lo que hace la diferencia son nuestras propias creencias. No son las creencias de los demás las que determinan nuestro destino, son aquellas a las que le permitimos morada en nuestros pensamientos. Si bien es cierto no podemos regresar atrás para enseñarle a nuestros padres una mejor forma en la que nos presentaran los desafíos, en lugar de limitaciones como oportunidades de aprendizaje. Lo que si podemos y es nuestra responsabilidad hacer, es cambiar la visión que tenemos de nosotros mismos.

El éxito no depende de lo que otros crean, es un hecho que muchos basan su propio potencial basado en la aprobación de lo que piensen los demás que debe o podría hacer, esto es el equivalente a permitir que ellos determinen el límite de tu potencial. Si bien es cierto todos tenemos limitaciones, pero la mayor de todas es la limitación de nuestras creencias, que como son nuestras, creemos que es la forma en la que debemos creer respecto a algo. La buena noticia es que no importa cuales sean tus creencias limitantes, éstas se pueden cambiar, cambiando lo que crees sobre ti.

Tengo un sueño.

Veamos un extracto de un gran discurso que cambió el destino del mundo entero: "Aun cuando nos enfrentamos a momentos difíciles en nuestros días y en el futuro, yo tengo un sueño de que esta gran nación un día se levantara y viviremos con propósito, que todos los hombres son creados iguales. Tengo un sueño de que mis cuatro hijos vivan en una nación donde no tengan que ser juzgados por el color de su piel, si no por el contenido de su carácter." – Martin Luther King.

Esta es la historia de un hombre, en el cual muchos no creyeron, más su creencia en sus convicciones lo llevaron a realizar un cambio en la humanidad. Hoy en día después de muchos años aún sus palabras continúan causando un gran efecto en la humanidad. Un hombre, un sueño y sus creencias lograron un nuevo destino para la humanidad ¿por qué? La razón es que sus convicciones fueron más fuertes que los obstáculos que se le presentaron en el camino hacia lograr su objetivo.

Tú también tienes todo para triunfar, todo depende de lo que creas de ti mismo, vive la grandeza dentro de ti, para ello fuiste creado. Alimenta tu vida de pensamientos positivos que permitan desarrollar nuevas creencias que te estimulen a alcanzar nuevos retos y superar los obstáculos que se te presentan en el camino. La otra opción es que continúes alimentando los pensamientos que ya tienes, lo cual es una elección personal e individual solamente debes estar seguro de si esos pensamientos te acercan o te alejan de lo que deseas logar.

Completamente todo lo que ha sido creado hasta el día de hoy, primero tuvo cabida en los pensamientos de alguna persona, quien creyó y se dispuso a una acción en busca de los resultados esperados. La casa donde vives, el auto que manejas, el papel en que lees, la computadora en la que escribes, todo fue creado primeramente por la mente de una persona. Al igual que todos ellos, posees ese poder creador en tu interior, tus pensamientos. Recuerda que todo siempre parece imposible hasta que se logra por primera vez. *¿Qué deseas lograr? ¿Cuál es ese sueño que hace latir tu corazón más aceleradamente?*

Todos tenemos control sobre nuestras vidas, y de ser así *¿por qué muy pocas personas logran alcanzar la plenitud?* La única razón por la que no lo logran es porque dejaron de intentarlo, dejaron de ser perseverantes aún sin saber que el éxito se encuentra detrás de la esquina del fracaso. Para lograr grandes cosas en tu vida debes ser perseverante en todos los aspectos de tu vida. Será normal que al principio veas cambios muy, muy pequeños o avances lentos en tu vida. Es ahí donde la mayoría decide abandonar y dejarse llevar por esos pensamientos que a todos nos llegan, puedes estar seguro que todo aquel que está intentando lograr algo o ya lo ha logrado, está o pasó por momentos en los que parecía que renunciar era la única opción. Si ese es tu momento o en el momento que llegue, nunca desistas de tu meta, sigue adelante y la vida te mostrará la forma en la que podrás lograrlo. Más allá de que logremos nuestras metas, la vida está interesada en lo que debemos aprender en el proceso, eso es lo verdaderamente importante, obviamente también está interesada en que lo logres. Todo aquello que

quieres lograr, también está buscando la forma de que lo logres, te necesita para manifestarse.

Somos como un tren, cuando está detenido con tan solo ponerle unas piedras delante de sus ruedas, no podrá avanzar ni un solo metro. Una vez empieza a avanzar lo hace muy despacio y cuando logra tomar velocidad podrías ponerle una pared de concreto en su vía y la derribaría. Así mismo ocurre en nuestra vida, por lo general los primeros pasos siempre suelen ser los más difíciles, pero una vez tomes velocidad sabrás que nada, ni nadie podrá detenerte. Si a Dios le tomó 6 días hacer la creación, no podrás crear un universo en tan sólo uno.

Ofrécete la oportunidad de alcanzar el éxito en tu vida, si estás sentado esperando que la oportunidad aparezca, que las cosas cambien por si solas, nada de eso va a ocurrir, debemos tomar el control de nuestra vida, crear las oportunidades y empezar el cambio desde adentro hacia afuera. Cambia la visión que tienes de ti y sobre todo persiste hasta alcanzar lo que te propongas. La vida te va a dar justamente la medida de aquello que mereces, en el huerto de tu vida no podrás cosechar aquello que no has sembrado.

PASO 7
Desafía tus miedos y vencerás.

El miedo no es más que la perturbación por algo que no ha ocurrido, que ni siquiera sabemos si ocurrirá o no. Es la aprensión que sentimos por la idea de que ocurra algo contrario a lo que esperamos realmente. Lo más interesante de todo es que el miedo es producto de un pensamiento que viaja hacia el futuro o al pasado, solamente producto de nuestra imaginación obrando en sentido negativo. No es un hecho real, aun el temor de repetir alguna historia que hayas vivido, esta continúa siendo una ilusión que tiene lugar únicamente en tu mente.

Definiciones importantes.

Miedo: Perturbación angustiosa del **ánimo** por un riesgo o daño real o imaginario. Recelo o aprensión que alguien tiene de que le suceda algo contrario a lo que desea. (RAE)

Ánimo: Alma o espíritu en cuanto es principio de la actividad humana.

Valor, esfuerzo, energía. Intención, voluntad. (RAE)

Al revisar el contexto de estas dos definiciones, las cuales desde mi perspectiva no pueden ser separadas, puedo comprender que la perturbación del ánimo que sufrimos a causa del miedo afecta de forma directa e inminente lo que hacemos. Siendo el ánimo el principio de toda nuestra actividad, a partir de ahí todo lo que hacemos está influido por el estado del miedo, nuestro valor, esfuerzo, energía y voluntad se encuentran centrados en el temor, la anticipación y certeza de que ocurrirá lo que no deseamos que ocurra.

Muchas veces nos encontramos en situaciones en la que el temor hace presa de nosotros, todas nuestras emociones, fuerza y pensamientos se vuelcan a intentar evitar que tal situación ocurra, sin embargo ocurre y decimos "yo sabía que pasaría". En muchas ocasiones me preguntan *¿por qué ocurre lo que no quiero?* es muy fácil, es ahí donde estamos poniendo nuestro ánimo y es el ánimo el principio de toda actividad humana.

Entremos un poco más en el tema y demos una mirada desde un punto de vista más científico que nos ayude a comprender lo que ocurre dentro de nosotros. El mecanismo que desata el miedo se encuentra en el cerebro que se encarga de regular acciones esenciales para la supervivencia como comer y respirar, y en el sistema límbico, que es el encargado de regular las emociones, la lucha, la huida, la evitación del dolor y en general todas las funciones de conservación. Este sistema revisa de manera constante (incluso dormido) toda la información que se recibe a través de los sentidos, y lo hace mediante la estructura llamada amígdala cerebral, que controla las emociones básicas, como el miedo y el afecto, y se encarga de localizar la fuente del peligro. Cuando la amígdala se activa se desencadena la sensación de miedo y ansiedad, y *su respuesta puede ser la huida, el enfrentamiento o la paralización.*

El miedo produce cambios fisiológicos inmediatos: se incrementa el metabolismo celular, aumenta la presión arterial, la glucosa en sangre y la actividad cerebral, así como la coagulación sanguínea. El sistema inmunitario se detiene (al igual que toda función no esencial), la sangre fluye a los músculos mayores (especialmente a las extremidades inferiores, en preparación para la huida) y el corazón bombea sangre a gran velocidad para llevar hormonas a las células (especialmente adrenalina). También se producen importantes modificaciones faciales: agrandamiento de los ojos para mejorar la visión, dilatación de las pupilas para facilitar la admisión de luz, la frente se arruga y los labios se estiran horizontalmente. *¿Ha sentido todo esto alguna vez?*

No existe nada más peligroso que el miedo mismo:

Son nuestros miedos repetitivos los que empiezan a crear nuestras limitaciones para alcanzar, para lograr, para conseguir y para triunfar. El miedo y el temor solo existen en nuestra mente, son pensamientos que repetidamente están dentro de nosotros hasta convertirse en una creencia permanente. Ciertamente es más fácil quedarnos en nuestra zona de confort, lo que produce que dejemos de tener nuevas experiencias. El problema radica que hemos asociado que si fallamos al intentar algo, hemos fracasado. *¿Ha visto a un niño aprender a caminar? ¿lo*

logró al primer intento o tuvo que hacer muchos?, ese niño también fuimos cada uno de nosotros aprendiendo a caminar. El único temor natural con el que nace el ser humano es el temor a caer.

El temor no solo afecta lo que hacemos y la forma en la que lo hacemos, existen consecuencias a nivel fisiológico. Siempre procuro explicar esto con una lección de tercer grado de escuela primaria en la que nos enseñan que tenemos dos elementos: un cuerpo y una mente *¿qué controla qué?* exacto, la mente controla el cuerpo. Lo único que no nos enseñan o no somos entrenados es para comprender el cómo lo controla. La respuesta aun cuando parezca muy sencilla es por medio de los pensamientos, son estos los que tienen la capacidad de controlar o no nuestro cuerpo.

Efectos físicos del miedo.

Uno de los cambios fisiológicos más importantes que causa el miedo es que impide que el sistema de inmunitario funcione correctamente, esto se debe a que el cuerpo está reaccionando a los pensamientos y elevando la fuerza a las áreas donde cree será necesario. Existe una gran cantidad de estudios que demuestran que el 70% de los casos atendidos en urgencias en los hospitales, de personas que ya tienen una sintomatología, no tienen una causa real por la cual tener dichos síntomas, es decir que los mismos fueron creados desde un nivel inconsciente desde el sistema operativo que controla el organismo, nuestros pensamientos. Cada pensamiento y emoción que tenemos ocasiona que nuestro cerebro genere internamente una cantidad de aminoácidos que viajan por medio del torrente sanguíneo y son distribuidos a las células en nuestro cuerpo para alimentarlas. Lo que recibe cada una de ellas está relacionado al tipo de pensamiento que tenemos. A continuación detallamos los cambios más importantes que afecta a nuestro cuerpo cuando el miedo se hace parte de nosotros tal como según la lista que vimos anteriormente.

1- Se incrementa el metabolismo celular:

Al incrementar el metabolismo celular, se genera una mayor concentración de energía, produciendo cansancio y agotamiento que se percibe en todo nuestro cuerpo, debido al desgaste que sufren las células en ese momento.

2- Aumenta la presión arterial:

La presión arterial alta es una afección grave que puede causar enfermedad coronaria, insuficiencia cardíaca, accidente cerebrovascular (derrame cerebral), insuficiencia renal y otros problemas de salud. Si esta presión aumenta y permanece elevada bastante tiempo, puede causar daños en el organismo de muchas formas.

3- Aumenta la glucosa en sangre:

El nivel de azúcar en sangre es elevado cuando el cuerpo no es capaz de producir insulina (diabetes tipo 1) o no puede responder correctamente a la insulina (diabetes tipo 2). El cuerpo necesita insulina para que la glucosa en la sangre pueda entrar en las células del cuerpo y usarse como fuente de energía. Tener mucha azúcar en sangre durante mucho tiempo puede causar problemas de salud serios, si no se tratan. La hiperglucemia puede dañar los vasos sanguíneos que proporcionan sangre a órganos vitales, lo cual suele aumentar el riesgo para contraer enfermedades cardíacas, derrames cerebrales, enfermedades hepáticas, problemas de vista y problemas de los nervios en la gente con diabetes.

4- La actividad cerebral aumenta:
La actividad cerebral significa que las células están usando glucosa para crear energía. El cerebro normalmente produce la cantidad de glucosa que necesita para funcionar normalmente. El aumento de la actividad cerebral nos lleva nuevamente al punto anterior y todos sus efectos.

5- Aumento de la coagulación sanguínea.
El aumento de la coagulación de la sangre se llama en lenguaje técnico y la hipercoagulabilidad. Estos cambios se asocian con la enfermedad cardiovascular es de considerable importancia, ya que apoyar y promover la formación de la aterosclerosis. Las consecuencias son los ataques cardíacos, derrames cerebrales y embolias pulmonares.

Con lo anterior no es mi intensión crearle un estado de alarma que le produzca temor, ya que estaríamos activando todo el sistema y los efectos que acabamos de mencionar. Estos síntomas normalmente se manifiestan luego de una extensa exposición a dichas emociones negativas. Como bien sabemos todo en exceso es malo. También existen otros efectos menores que sirven de alarma a nuestro cuerpo para saber que estamos yendo en tal dirección, como dolores de cabeza, aumento de la presión en los músculos del cuello, mareos ligeros, ansiedad, entre otros. Cuando estas alarmas se disparan lo más importante es hacer un alto y hacernos preguntas como *¿qué estoy* *sintiendo? ¿es real la amenaza que estoy sintiendo? ¿qué es lo mejor que puedo hacer en tal situación?* Siempre analizar, nos permite obtener nuevas perspectivas y opciones en las cuales podemos enfocar nuestro ánimo (principio de toda actividad) y al cambiar nuestro enfoque, estaremos cambiando la forma en la que lo manejamos.

Venciendo el miedo.

Llegar a la cima, de la cima más alta del mundo requiere de valor, coraje y un alto sentido de dedicación. Pero hacerlo sin el sentido de la vista requiere vencer mucho más allá que los obstáculos del camino y el temor de las limitaciones. La montaña más alta del mundo, el imponente Monte Everest es un verdadero reto hasta para los mejores alpinistas del mundo en sus más óptimas condiciones, muchos han sido los que han quedado en las laderas de la montaña como fósiles cristalizados por el hielo que nos recuerdan algo muy importante *"la preparación siempre vence al talento"*.

Erik Weihenmayer ha logrado esta proeza sin la facultad de ver. El 25 de Mayo del 2001, se convirtió en la primera persona no vidente en la historia de la humanidad en alcanzar la cima del mundo al escalar el Monte Everest. A la edad de 32 años Erik Weihenmayer está en vías de convertirse en la persona no vidente que ha escalado las siete cumbres más altas del mundo en los 7 continentes. Esta es la historia de alguien quien no supo ponerle "limite a sus acciones" en busca sus propios sueños, alcanzar lo más alto, porque aún sin el sentido de vista, tenía una gran visión de sí mismo, lo que le permitió derribar sus miedos, puedo imaginar que no era que no los tenía, la diferencia está en cómo son enfrentados. En el 2004 con Sabriye Tenberken y seis adolescentes tibetanos ciegos, subieron el lado norte del Everest a 21,500 pies, el punto más alto en el que un grupo de personas invidentes han estado alguna vez. En el 2011 su equipo de tres personas compitió en la Expedición de ABC "Imposible", una carrera a través de los desiertos y montañas de Marruecos terminando en segundo lugar. Igualmente completó la carrera de Leadville 100 de bicicleta de montaña en altitudes superiores a los 10,000 pies. En septiembre de 2014 planea practicar kayak en solitario el Gran Cañón con una distancia de 445 kilómetros. Hoy en día, sin dejar de aventuras, él es un orador de renombre en todo el mundo, centrándose en el tema de la utilización de la adversidad con ventaja y vivir un "No hay barreras en la vida". *¿Cuáles son las que estás poniendo tu vida?*

¿Cuál es la diferencia entre un Erik Weihenmayer y cualquier otro? Un objetivo, meta o propósito. Esto es lo que hace la diferencia. Como decía Henry Ford: "los obstáculos son aquellas cosas horribles que vemos cuando apartamos la mirada de nuestra meta". Cuando no se tiene una meta definida que mirar sólo vemos obstáculos. Una vez empezamos a conocer nuestro propósito empiezan a desaparecer de nuestra vista. No dejan de existir, pero nuestra atención se mantendrá en el objetivo y no en el obstáculo.

Tres formas en las que respondemos ante el temor.

El miedo es la emoción más antigua registrada del ser humano, cuando en el huerto del Edén Dios le preguntó a Adán ¿dónde estás tú? y él respondió "oí tu voz en el huerto, y tuve miedo, porque estaba desnudo y me escondí. Hoy continuamos repitiendo la misma reacción ante el temor, y es que el miedo de alguna forma desnuda una parte de nuestro interior y deja en manifiesto algunas de nuestras debilidades. Lo importante de todo es reconocer que no existe alguien que no las tenga, algunos tenemos unas, otras personas tienen diferentes. Ante el temor todos tenemos tres formas en las que reaccionamos.

1- La huida:

Es un instinto natural intentar escapar de aquello que nos ocasiona una sensación de temor y lo hacemos para evitar el dolor o las consecuencias que esto puede causarnos. Mientras cursamos estudios desde la escuela hasta los niveles universitarios, siempre nos dan la lección y luego nos ponen la prueba. La vida funciona de forma completamente diferente, siempre nos pondrá la prueba para que aprendamos la lección. Cada vez que escapamos de una prueba, la vida se encargará de volver a ponernos nuevamente frente a la situación hasta que aprendamos la lección que debemos aprender. Huir de las pruebas es como dar vueltas en círculo, estamos caminando hacia adelante sin avanzar.

2- Paralización:

Esto ocurre cuando no sabemos cómo manejar la situación que tenemos delante de nosotros. No es que no se dispongan de los recursos y habilidades necesarias para resolverlo, más bien nos enfocamos tanto en el problema que no podemos ver la forma de

resolverlo. Nuestra concentración de pensamiento es como una lupa, en aquello que la enfocamos, se expande. La mente no puede estar enfocada en dos cosas al mismo tiempo, mientras esté pensando en el problema no aparecerá la solución. Piense en lo siguiente, le pasado alguna vez que ha conversado con alguien quien intenta explicarle algo a lo que teme y usted piensa *¿por qué le teme a esa situación cuándo puede ser solucionada tan fácilmente?*. Es que nuestros temores son individuales y únicos. Es que el mismo tipo de pensamiento que creó la situación, no puede resolverla, el primer cambio que debemos hacer es interior.

3- Enfrentamiento:

Enfrentar nuestros miedos es lo único que nos puede ayudar a vencerlos realmente. Hay una diferencia entre los miedos de los que estamos hablando y las situaciones de peligro, son dos cosas diferentes, no me gustaría pensar que el día de mañana decida enfrentarse a una banda de asaltantes usted solo. Sin embargo si hay situaciones en nuestra vida que debemos enfrentar para poder avanzar hacia lograr determinadas metas en nuestras vidas. Este es un proceso que puede ser aprendido.

Dos formas de vencer el miedo.

Es normal cuando escuchamos sobre una gran hazaña, asociarla con la ausencia de temor por parte de su protagonista, lo cierto es que sin temor no sería una gran hazaña. La valentía no implica ausencia de temor, todo lo contrario, es cuando aun reconociendo los temores decidimos enfrentar aquello que tememos, es un acto hecho con valor y el valor es una cualidad del ánimo que nos mueve decididamente a algo superior, según su propia definición en el diccionario. Siendo el valor una cualidad del ánimo, puede ser natural o aprendida, es decir que sin importar la tengamos o no, podemos adquirir dicha cualidad. Trabajar con nuestros temores es un proceso individual, es decir que cada uno decide la forma y el ritmo en que desea hacerlo. Esto no nos debe alejar de la realidad que todo lo que hacemos implica un resultado, es decir la rapidez en la que decidamos trabajar en desarrollar nuestro valor en determinada área, nos dará resultados en la misma medida.

Dos cosas importantes que podemos destacar son: trabajar en nuestras áreas de debilidad (temores u otros) es una decisión que solo yo puedo tomar, así como también es una decisión no tomar ninguna decisión. El no tomarla no implica la ausencia de resultados *¿a dónde me conducirá no tomarla?* El segundo aspecto de sumo valor es que, sin importar cuáles sean nuestras áreas de temor o inseguridad, que todos tenemos, hay muchas otras áreas en las que hemos desarrollado el valor de enfrentarlas, resulta ser que como ya es algo superado, ya no es requerido el valor para volver a enfrentar dicha situación *¿recuerda alguna situación en su pasado que tuvo que enfrentar con valentía?*, es probable que hoy pueda mirar hacia atrás y decir como a muchos nos corresponde, me ahogaba en un vaso de agua. Es momento de mirar hacia adelante y preguntarnos *¿en cuántos vasos de agua me estoy ahogando hoy?*

Empezar con pequeños pasos:

La confianza es un como un músculo que puede ser desarrollado y fortalecido. Empezar con pequeños desafíos nos ayuda a desarrollar la

seguridad propia que necesitamos para vencer los obstáculos que aparecen en nuestro camino al éxito, porque lo cierto es que cada vez que logramos vencer uno, apareceré uno nuevo en el camino, probablemente un poco más desafiante que el anterior. Recuerde que el camino al éxito es hacia arriba.

Empezar con lo que más temes:
Hay una frase muy conocida, haz lo que más temes y vencerás. Enfrentar lo que más temes en este momento te otorgará un poder ilimitado. Cuándo vences ese obstáculo, los demás inmediatamente pierden su relevancia o tienden a desaparecer debido a que nuestro enfoque y atención están en el logro y no los obstáculos.

Si le cuesta empezar, empiece.

Aceptar nuestras limitaciones y no tomar acción es lo que las convierte en realidades inmovibles en nuestras vidas. Todo inicia cuando decidimos hacer algo al respecto, tomar acción. Si le cuesta empezar, empiece, está en el camino correcto. Todo aquello que vale la pena en la vida, tiene un precio que hay que pagar y vale la pena luchar por alcanzarlo, la otra opción siempre estará disponible, pagar el precio por no alcanzarlo. Empiece con el primer paso y así cada día todos los días, el secreto de la vida se encuentra ahí, en mantenernos dando el primer paso. Una vez que lo damos llegamos a un nuevo lugar y de ahí nuevamente solo hay que volver a dar el primer paso.

PASO 8
Ascenso.

Una de las experiencias más enriquecedoras en mi vida ha sido tener la oportunidad de ascender el volcán Cotopaxi hasta el refugio José Rivas a una altitud de 15,953 pies, en una de los varios viajes realizados a Ecuador. Un viaje en auto de 50 kilómetros desde la ciudad de Quito por la conocida ruta de los volcanes, es un deleite lleno de vistas de montañas con sus puntas blancas y el esplendor del volcán Chimborazo que alcanza más de 20,700 pies de altura y su cono perfecto cubierto de nieve, el punto más cercano al sol desde nuestro planeta azul. Desde la carretera cuando divisaba despejado el destino planeado parecía casi inalcanzable y se convertían en momentos propicios para detener el auto y tomar algunas fotos.

Al llegar a la entrada del Parque Cotopaxi parece inevitable hacer una parada en el mercado indígena de la zona donde se encuentra todo tipo de artesanías, pero sobre todo, calentarse un poco con rico te de mate y

posiblemente equiparse con bufanda y guantes para lo que te espera más adelante. Continúas el ascenso en auto disfrutando praderas blancas en las que te detienes a tomar la foto, mientras que en el fondo puedes apreciar manadas de caballos salvajes pastando en plena libertad en las laderas del volcán, hasta llegar al punto en que el verdadero viaje está por iniciar, cuando debes empezar a subir por tus propios medios, fuerza y coraje.

La excursión al Cotopaxi exige un esfuerzo físico, la subida al refugio. Parece una tarea relativamente sencilla cuando se menciona, un kilómetro y medio con un desnivel variable que posiblemente en algunos tramos puede superar los 45° de inclinación, sin embargo los restos volcánicos que se deslizan con cada paso te hacen retroceder más que avanzar, un viento helado y un poco de nieve en el rostro lo cambian todo. Cada paso que das es más difícil que el anterior y cada respiración requiere de un esfuerzo adicional que te desgasta y alienta al mismo tiempo oprimiendo tu pecho de forma que no logro explicar. Acostumbrado a vivir en una ciudad a nivel del mar no es tan sencillo adaptarse a respirar en esa altitud en la que cada vez hay menos oxígeno en el aire, sin mencionar el hecho de que tan solo seis meses y dos días atrás, había estado en un quirófano en una cirugía de columna en la que me extrajeron dos discos de la zona lumbar y fueron reemplazados por prótesis de discos, ciertamente recuperado pero sin condiciones físicas o deportivas.

Un camino cubierto de nubes que no me permitían ver si me acercaba o me alejaba, momentos en los que solo lograba ver unos cuantos metros adelante; por breves momentos lograba divisar un punto amarillo el que asumía era la meta, el refugio. Empiezan a aparecer en mi mente las mil razones para desistir y volver a descender al parqueadero en el que inicie esta aventura *¿qué hacía yo ahí después de todo?* podía regresar. En ocasiones no sabía si era más el tiempo que me detenía a descansar que el que utilizaba para continuar mi ascenso, con sonrisas solo para las fotos, cada una de ellas parecía que representaría el punto hasta donde había llegado, pero es ahí cuando casi apagándose una voz dentro de mí me decía que continuara, me anima a dar un paso más recordándome que no se trataba de cuán rápido lo hacía, no era una carrera de velocidad, todo el esfuerzo se trataba sobre llegar a la meta. Tal vez diez pasos más y un nuevo descanso para un cuerpo que sudaba en una temperatura de 3°C. Recuerdo que mi representante en Ecuador, había llevado una chamarra gruesa extra pensando en que podía yo necesitarla, para este momento la misma chamarra que me guardaba del frio, me hacía sudar y parecía pesar cada vez más hasta que llegó el momento en que decidí quitármela, pero ya era demasiado tarde para dejarla, así que tuve que continuar mi ascenso con ella sobre mi espalda, ahora se convertía en algo más que cargar.

Empecé a dejar de ver la meta final y a despreocuparme por ella, mucho más por mis compañeros de viaje para quienes era su N vez que subían dicha ruta y era probable que ya hubiesen llegado, no era una carrera contra ellos, era una carrera contra mí mismo. Debía vencer o desfallecer, pero no sin dejar de intentarlo dando todo de mí. Ahora mi concentración estaba en controlar mi respiración para dar el próximo paso, empecé a establecerme pequeñas metas, la próxima roca visible a unos cuantos metros, el siguiente sitio plano para poder descansar, cualquier punto de referencia me era válida para seguir avanzando. Había decidido darlo todo hasta llegar, no importaba cuanto tiempo tomara, se trataba de más que de conquistar el refugio, conquistarme. Recuerdo en el camino, en alguna de las paradas haberme encontrado con otro extranjero que igual que yo subía por primera vez, fuimos compañeros de ascenso por una corta pero importante distancia, dándonos ánimos y compartiendo la experiencia.

Probablemente ha sido el kilómetro y medio que he recorrido en la mayor cantidad de tiempo en mi vida, pero finalmente empezaron a disiparse las nubes cuando estaba en medio de ellas y a una corta distancia apareció muy claramente el refugio. Ahí me encontraba, a 15,953 pies sobre el nivel del mar, una altura superior a la cima del Mont Blanc, la montaña más alta de Europa, con la enorme satisfacción de haber podido conquistar la meta. El esfuerzo había valido completamente la pena, disfrutar la emoción, el lugar, la nieve y todo alrededor. El refugio, un sitio acogedoramente rustico propicio para calentarse nuevamente con te o chocolate, en el que me encontré con personas, que al igual que yo estaban llenos de emoción por haber llegado dispuestos a compartir su historia y escuchar la de los demás. El frio y el cansancio parecen desaparecer al vivir la experiencia.

Estoy casi seguro que para muchas personas esta experiencia podría no parecer significativa según sus propias destrezas, habilidades y logros realizados en lo que a su desempeño físico se refiere, para otros posiblemente se convierta en un desafío. Y es que de eso se trata el ascenso, es un viaje individual que inicia a donde hemos llegado y nos hace preguntarnos ¿cuál es la próxima cima que ascender?, no importa si es la primera o es la número cien, siempre hay algo más que podemos lograr.

Los aprendizajes del ascenso.

Ascender hacia el éxito en nuestra vida es igual a la experiencia narrada y durante la misma, pude vivir físicamente los principios que estos años he estado enseñando y viviendo en mi interior.

Volcán Cotopaxi

Siempre he pensado que si llegar a la cima fuera fácil cualquiera lo podría hacer, y si cualquiera puede lograrlo, entonces ¿qué sentido tiene el esfuerzo? Todo el mundo puede lograrlo, todas las personas tienen una cima que quisieran alcanzar y tienen el potencial para hacerlo, lo único es que están esperando el elevador que los lleve sin realizar ningún esfuerzo, quieren el cambio sin pasar por el proceso. Podría compararlo con la experiencia de subir al teleférico en la ciudad de Quito (o cualquier otra) en la que estás a 13,500 pies sobre el nivel del mar, incluso puedes disfrutar de una vista maravillosa y ver aviones volar por debajo del nivel en el que estás, es divertido y un lindo paseo, llegas a la estación en auto, compras el tiquete para subir, montas el vagón que te llevará a la parte más alta y llegas, es fácil y sencillo, pero sin sentido de logro y ninguna satisfacción real. Lo mismo ocurre en la vida y es lo que hace la diferencia entre los logros casuales sin esfuerzos y aquellos que demandan dar todo de ti, son estos últimos por los que vale la pena luchar, pero hay un precio que hay que estar dispuesto a pagar. Puedes

Los secretos de una vida que el dinero no puede comprar.

pagar el tiquete que te llevará un poco más alto sin satisfacción o puedes decidir establecer la verdadera meta a la que deseas llegar.

A la distancia la meta parece inalcanzable.

Oh! si, cuando vas en la carretera y logras ver esa majestuosa montaña empiezan a aparecer las dudas *¿podré lograrlo? ¿quiero hacer esto?* y así una lista de preguntas que te empiezan a invadir. Lo mismo ocurre cuando empezamos a soñar con lograr grandes cosas, los temores de no poder alcanzarlos hace que desistamos de ellos. El 98% de todos los grandes sueños mueren en apenas minutos de su nacimiento, justo en ese momento donde los registros de almacenados en nuestra mente subconsciente saltan como reflejo automático para decirnos *"se realista... eso es imposible... nadie lo ha hecho... qué te hace pensar que tu podrías... ya intentaste una vez y mira lo que pasó"* así sucesivamente hasta que esos mismos pensamientos terminan por ahogar la semilla que acababa de nacer.

Al igual que con los sueños, desde la distancia no puedes ver el camino que tienes que recorrer, desconoces las distancias y no sabes si habrá un camino. Pero ello no implica que no se pueda alcanzar, una vez empiezas el recorrido, el camino aparecerá delante de ti con cada paso que des.

Es necesario equiparse para el recorrido.

Muchas veces empezamos algunos recorridos en nuestra vida sin equiparnos previamente para poder lograrlo, no estoy diciendo que sea necesario al iniciar, contar con todos los recursos que usted va a necesitar para llegar a la cima, lo importante es a medida que va en el recorrido, continúe equipándose con lo necesario para continuar su ascenso.

Seguro habrá escuchado la frase que dice *"mejor que sobre a que haga falta"*, en cierta medida es bastante cierto, en la vida siempre queremos que nos sobre más de lo que necesitamos, pero cuando se trata de ascender a una meta debemos tener cuidado de no llevar con nosotros cosas que pueden convertirse más en una carga que un recurso ¿recuerda la *chamarra roja?* cierto, no había mencionado que era roja. Lo importante que aprendí es que hay cosas que llevamos con nosotros que terminan convirtiéndose en un obstáculo para lograr nuestras metas ¿cuáles son esas cosas que estoy cargando que debería dejar? Vuelva a revisar el *Capítulo 4 – La llave que abre todas las puertas* y haga una revisión sobre aquellas cosas que no debería llevar consigo. Las mayores cargas en nuestra vida son emocionales y no físicas. Lo otro en lo que me hace pensar esta parte de la experiencia es que, en ocasiones nos pasa que subestimamos lo que ya tenemos y la necesidad de tener más nos hace detener para empezar a avanzar hacia lo que debemos lograr. Siempre estoy seguro de algo, tienes lo que se necesita para avanzar por lo menos al primer paso delante de ti.

Toda subida, requiere esfuerzo.

No podemos garantizar tener las condiciones perfectas para el ascenso, nunca lo son. Lo que debemos preguntarnos es *¿soy yo la persona perfecta*

para las condiciones imperfectas que encontraré? La importancia de esta pregunta se basa en tener la responsabilidad por el logro o por el fracaso. No puedo garantizarle que subir a la cima de sus sueños será fácil, ni mucho menos en camino sin obstáculos o bien condiciones cambiantes. En ocasiones intentas avanzar y ese paso que das te lleva un poco más atrás de donde empezaste, entonces vuélvelo a dar con más sabiduría, era necesario darlo y retroceder para poder aprender ese algo extra que nos ayudará con los siguientes.

Tienes derecho a querer desistir.

Tienes todo el derecho de querer desistir, te pertenece y puedes usarlo en cuántas ocasiones lo consideres conveniente. La diferencia entre quién quiere desistir y quién desiste, puede ser solo un pensamiento que proviene de esa voz interior que te dice que avances. Toda persona que ha logrado sus sueños ha tenido esa sensación de querer dejarlo todo y buscar otro camino, más no lo ha hecho. *¿Por qué debo renunciar?* Hay momentos en los que se convierte en necesario detenerse a tomar aire y hasta hacer una negociación interna, son los momentos en los que se exige esa decisión con determinación de valor y coraje de darlo todo. Solamente quien desafía sus propias limitaciones puede vencerlas, exígete y verás de todo aquello que eres capaz, y no sabías.

Hoy es lo más importante.

Las grandes metas no son más que el resultado de lograr metas pequeñas, la meta más importante estará siempre determinada en nuestra agenda diaria y es la más difícil de establecer ¿*lo que estoy haciendo hoy me acerca o me aleja de la meta?*, una pregunta que debemos hacernos todos los días. La meta pequeña, es la de cada día, un día a la vez. No se trata de una carrera de velocidad, es una carrera de resistencia siempre y cuando se esté avanzando diariamente. Soy principiante de yoga y me gusta practicarlo en casa un par de veces a la semana, una frase que realmente me inspira a continuar dice *"yoga no es lograr la perfección en cada posición, es solo continuar estirándote"*. Creo que de la misma forma es la vida, no es enfocarse en la perfección o velocidad, es solamente seguir avanzando.

Hoy es lo más importante, podría sonarle a una frase trillada ya conocida, pero ciertamente ¿*cuántos son los días que iniciamos sin fijarnos una meta que cumplir o postergándola si no la cumplimos?* Debemos iniciar cada día con la mirada puesta en la siguiente pequeña meta que nos acercará a la gran meta, lo que puedo hacer hoy para hacer la diferencia.

Encontrarás las personas correctas.

No se llega solo a una gran meta, en el camino encontrarás las personas correctas que te ayudarán a llegar, pero no será solo hasta cuando decidas emprender el viaje que aparecerán. Mientras decides empezar, solo estás rodeado de personas que están en el mismo lugar, posiblemente donde es más cómodo o seguro estar. Los que te alentarán o caminarán contigo aparecen en la subida, nadie quiere subirse a un tren que no va a ninguna parte.

La única forma de fracasar.

El fracaso es dejar de luchar por tu propósito al momento de encontrarte con las adversidades y pruebas que la vida te pondrá para saber si estás listo para lograr el éxito que deseas. ¡El único fracaso real, es no aprender de los errores, o bien aprender y no seguir avanzando! Cuando abandonas y dejas de luchar, es cuando viene y aparece realmente el fracaso. Nadie ha sido considerado como perdedor mientras aún continúa intentando lograr algo.

En todas las historias, incluyendo las novelas o películas, los protagonistas siempre tuvieron oportunidades para abandonar, pero no lo hicieron, esas son las únicas historias que se cuentan *¿será la suya una de esas?*, la respuesta no tiene que ver con el camino, tiene que ver con lo que usted decida sobre el camino que está dispuesto a recorrer.

El kilómetro y medio.

Hoy sé que puedo avanzar un kilómetro y medio más cada día, esta es la lección más importante aprendida en esta aventura. Comprender que lo que determinará mi éxito puede estar solamente un poco más adelante, unos cuantos pasos más y estaré ahí para disfrutar del triunfo y la meta propuesta, así que ahora cambio las preguntas de duda por la pregunta *¿y si lo logro?*, nuevamente intentaré hasta lograr avanzar ese kilómetro y medio más. Si me rindo nunca sabré que tan cerca estuve de lograr conseguirlo, han sido muchas las historias de personas que han fracasado estando a un solo paso de alcanzar el éxito.

La vida es una aventura y a cada uno nos corresponde decidir la forma en la que la vivimos, podemos ser espectadores y contemplar la cima de la montaña o podemos ser los protagonistas de nuestra vida. Este es el viaje de la vida y no hay más opciones. De lo que si estoy seguro es que en adelante jamás podré culpar a la vida de lo que este me dé, hoy sé que el resultado que obtenga será según el camino que yo esté dispuesto a recorrer ¿cuál será el suyo?

El ascenso es interior.

El ascenso más largo que nos corresponde hacer en nuestro viaje hacia ese destino llamado éxito, es interior. Es ir desde nuestro corazón donde se albergan nuestras pasiones hasta la mente que dirige nuestras acciones diarias.

Este viaje implica el poder enamorarnos de la visión que hagamos de nosotros mismos, de todo nuestro potencial y lo que podemos llegar a lograr de nuestra vida. Puede ser similar entre gustar de alguien y amar a alguien, la diferencia es que el gusto es pasajero y el amor crece continuamente. De esa misma forma podemos llegar a amar nuestras más profunda ilusiones para transformarlas en realidad.

Los secretos de una vida que el dinero no puede comprar.

Como dice el refrán, el amor es ciego, porque esa emoción oculta los defectos del otro, acerca el uno al otro y hace desaparecer las distancias creando confianza. Este es el tipo de amor que debemos desarrollar para con nosotros, en la que se ocultan nuestros defectos y saltan a la vista las virtudes; acercándonos a nuestros sueños, haciendo desaparecer las distancias y creando confianza en nuestro interior.

PASO 9
Tiene poder ilimitado.

Todo inicia y todo termina con exactamente lo mismo, tenemos un poder ilimitado a nuestro alcance, el cual hemos utilizado toda nuestra vida, en todas las áreas de nuestra vida sin poder reconocerlo para poder aplicarlo en lograr lo que queremos. Es común que en muchas ocasiones lo utilicemos para crear lo que no queremos en lugar de lo que si queremos, y es que funciona tanto si somos conscientes de el o no, no hace mayor diferencia. No tiene juicios ni prejuicios, no hace distinción de credo, raza, edad, sexo ni mucho menos del sito en que nos encontremos, puedes estar muy alto en la cima y tener acceso a este poder ilimitado para lograr más o bien puedes estar en la más profunda sima y también usarlo para ir aún más abajo. Es una fuerza tan poderosa que quien la pierde, puede perderlo todo o quien no tiene nada puede obtenerlo todo de un momento a otro. Existe desde el principio y existirá hasta el final, es por lo que todo ha sido logrado y por lo que todo se logrará *¿te gustaría descubrirlo?*

Fe.

La fe es esa fuerza poderosa que ha permitido todo cuanto ha sido creado por la humanidad. Imagine por un momento a Alexander G. Bell intentando transmitir la voz por medio de impulsos eléctricos sin fe; a Henry Ford creando el motor de ocho cilindros sin tenerla; a Steve Jobs creando el iPhone sin usarla. Y es que hemos limitado el concepto de la fe a un plano solamente religioso, sin poderlo llevar a su verdadero contexto espiritual, el cual está alejado del anterior. La religión ha tenido una extraordinaria capacidad de limitar al ser humano, mientras que su espiritualidad es la que nos permite evolucionar hacia el verdadero propósito de nuestra vida, ser co-creadores de la creación según a cada uno nos corresponda.

El diccionario la define cómo *"Confianza, buen concepto que se tiene de alguien o de algo", ¿qué es la confianza? "Esperanza firme que se tiene..."*. Todo conocimiento es vacío cuando no se puede llevar a la práctica y es esto lo que aún no hemos aprendido o hemos aprendido de forma limitada. Según esta definición la fe es nuestra *"esperanza firme"*, aquello en lo que confiamos y creemos.

Desde una perspectiva espiritual la mejor definición de fe que se puede encontrar está en la Biblia, en Hebreos 11:1, he aquí su contenido en algunas versiones diferentes: *"Tener fe es tener la plena seguridad de recibir lo que se espera; es estar convencidos de la realidad de cosas que no vemos."* (DHH); *"La fe es la confianza de que en verdad sucederá lo que esperamos; es lo que nos da la certeza de las cosas que no podemos ver."* (NTV); *"Es, pues, la fe la certeza de lo que se espera, la convicción de lo que no se ve."* (RVR). Luego de revisar más de 15 diferentes versiones hay dos principios que se repiten en cada una de ellas *"lo que esperamos y lo que no podemos ver"*.

Fuerza creadora.

La fe no se centra en lo que ya es, tiene que ver con lo que aún no es pero tenemos convicción y certeza de que inevitablemente sucederá. La Fe es el factor primordial para la consecución de cualquier éxito o fracaso en toda área de nuestra vida. Nadie ha logrado algo sin creer que podría hacerlo. La fe es mucho más que un sentimiento, los sentimientos vienen y van según nuestro estado de ánimo, la fe como dice su definición es certeza y convicción de lo que ocurrirá, es una virtud que todos poseemos todos y ésta puede ser utilizada en dos direcciones con igual intensidad. Puedes tener fe de lograr lo que quieres, o bien puedes tener fe de no lograrlo, lo que interpretamos como miedos y temores. Sin importar cuál sea la dirección que decidas ofrecerle a tu fe (positiva o negativa), esta tiene el mismo gran poder implícita creador. La fe funciona como un elemento químico natural en nuestra mente, cuando es mezclado con los pensamientos, se convierte en una vibración y el subconsciente lo traduce a su equivalente espiritual *"la oración"*, la que nos permite la comunicación con la fuente de toda la creación.

Tu convicción determina el resultado.

He escuchado tantas veces, a tanta personas decir *"es que yo sé que va pasar esto o aquello"* (refiriéndose a lo que no quieren) y luego cuando ocurren rápidamente saltan a pronunciar las palabras mágicas *"yo sabía que eso pasaría, te lo dije"*. Y es que tienen toda la razón, como negarlo si tenían toda la convicción y certeza de que pasaría, han puesto a la fe a obrar en su creación. En ninguna de las definiciones de fe se hace diferencia entre lo bueno o lo malo, lo positivo o negativo; solo hace énfasis en *"lo que esperas y en lo que no ves"* sea para bien o para mal.

Muchas personas oran fervientemente con la convicción de que sus peticiones son escuchadas y serán prontamente atendidas, sin embargo esa convicción es momentánea y limitada a solo el momento de la oración. Una vez terminada esta, continúan su vida con convicciones contrarias a sus deseos la mayor parte del tiempo, sin reconocer que están poniendo a obrar su fe. Y es que la oración no es solo ese momento en el que nos arrodillamos a buscar esa comunicación con Dios, ese es un pensamiento muy limitativo de su presencia aun cuando sabemos que es omnipresente y que vive dentro de nosotros. La verdadera oración de fe es la que mantenemos a lo largo de nuestro día, la mayor parte del tiempo, es ahí donde se mantienen las convicciones. Tener la certeza de que sin importar lo que esté ocurriendo en este momento, inevitablemente ocurrirá lo que espero y aún no puedo ver.

Mantener un estado permanente de fe inicia por la decisión de tenerlo, se alimenta por nuestros pensamientos dominantes para dar como resultado final lo que esperamos, no está determinado por las circunstancias que enfrentamos sino por las convicciones de nuestro corazón. Como seres emocionales que somos, basamos la mayoría de nuestras decisiones en lo que sentimos, el problema es que los sentimientos fluctúan continuamente entre altos y bajos, pero cuando es la convicción la que nos mueve, esta solo aumenta continuamente.

La convicción es un estado mental que se puede inducir por medio de las afirmaciones repetidas o instrucciones a nuestra mente, la cual empezará a crear el sentimiento de fe. Empezamos a creer por medio de la decisión de hacerlo, y estos pensamientos pasan a convertirse en creencias permanentes en nuestras vidas.

De la realidad a la creación.

La realidad es la interpretación individual de lo que ya es, la fe es la creación de lo que puede verse por medio de la imaginación, es la anticipación de los eventos futuros que están por ocurrir. Puede llamarse habilidad, cualidad, característica o de cualquier otra forma, en todo caso es algo que debe ser desarrollada y alimentada para que pueda crecer. Nuestra mente y nuestro corazón, son como una planta, las mismas raíces que absorben los nutrientes que la alimentan, tienen exactamente la misma capacidad de absorber un veneno que las mate, *¿de qué forma alimento mi mente y mi corazón?*

Pasos para alimentar nuestra fe:

- **Pida fe con fe de que la recibirá:** No hay mejor recompensa en la vida que lograr obtener la sabiduría, *"Si a alguno de ustedes le falta sabiduría, pídasela a Dios, y él se la dará; pues Dios da a todos sin limitación y sin hacer reproche alguno."* (Stgo 1:5 DHH) La sabiduría trae consigo la fe y la fe, su creación.

- **Decida:** Lo que desea lograr. Aun cuando no esté muy seguro de poder lograrlo. La convicción viene precedida por la acción, cuándo sabe que lo que está decidido a lograr es lo correcto.

- **Véalo:** Empiece a crear mentalmente la representación de lo que desea hasta que pueda verlo claramente. Recuerde que es la convicción de lo que no se ve.

- **Piénselo:** Alimente su fe haciendo afirmaciones positivas mientras mira esa representación en su mente *"lo puedo hacer, lo puedo lograr, sé que puedo, lo haré"*. La otra opción es cambiar estos pensamientos en el sentido contrario con lo que estará también poniendo a obrar la fe, para lograr lo que no quiere. Una mente positiva sobre sí misma, siempre alimentará su fe de forma correcta.

- **Véase:** Introdúzcase a usted dentro del cuadro de sus pensamientos, mírese a usted en posesión de lo que desea alcanzar. Alimente su convicción trayendo a su vida todo lo que sentirá en el momento de lograr lo que se propone.

- **Comuníquese:** Usted tiene acceso a la mayor fuente de poder, a quien creó los cielos, la tierra y todo cuanto fue hecho. Utilice el poder de la oración para comunicarse Dios, todos los días solicitando dirección, sabiduría, aumento de su fe y todo lo que necesite. *"Si ustedes creen, recibirán todo lo que pidan en oración."* (Mat. 21:22 NVI).

- **Espere:** Dedique algún tiempo a la meditación. Si está esperando una respuesta, deberá aprender a guardar silencio para poder escucharla. Tenga siempre cerca de usted las herramientas de los genios: *"papel y lápiz"* para anotarlo todo. No desestime el poder de una idea.

> *Para meditar: Una fe autentica y Coherente.*
>
> *Alégrense profundamente, hermanos míos, cuando se sientan cercados por toda clase de dificultades. Es señal de que su fe, al pasar por el crisol de la prueba, está dando frutos de perseverancia. Pero es preciso que la perseverancia lleve a feliz término su empeño, para que ustedes sean perfectos, cabales e intachables. Si alguno de ustedes anda escaso de sabiduría, pídasela a Dios, que reparte a todos con largueza y sin echarlo en cara, y él se la dará. Pero debe pedirla confiadamente, sin dudar, pues quien duda se parece a las olas del mar, que van y vienen agitadas por el viento. Nada puede esperar de Dios una persona así, indecisa e inconstante en todo cuanto emprende. (Stgo. 1:2-8 BLPH)*

Los secretos de una vida que el dinero no puede comprar.

"Nadie" está condenado al fracaso, usted no.

Existen millones de personas que viven su vida pensando que están condenadas al fracaso y la pobreza; ya sea por una extraña y desconocida fuerza que creen que no pueden controlar y en el peor de los casos son muchos los que culpan al propio Dios por esta situación. Sin saberlo son estos pensamientos los que están alimentando su fe y de esta forma se mantienen creando su propio infortunio. Si nuestras convicciones son las que nos mueven a hacer determinadas acciones en nuestras vidas, no hay nada que le impida a usted utilizar este poder para crear un mejor destino para usted y para los suyos. Esto será sólo el resultado de poner en práctica día tras día esta información, el resultado no proviene de leer las instrucciones.

Solo nosotros podemos alimentar nuestra fe, por medio de nuestros pensamientos y una mente en completo control, voluntariamente puede crear las condiciones o soluciones necesarias para lograr sus objetivos. En este momento existen dos opciones: puede creer o puedes no creer, la decisión es completamente suya y en cualquiera de los casos verá el resultado de esa fe obrando en su vida y sus resultados. Como podemos ver, Dios no tiene que ver con nuestros resultados, nos dio libre albedrío para pensar, sentir y actuar según nuestra propia elección. Aun cuando nos dé las oportunidades y nos las ponga frente a nosotros, la decisión de aceptarlas o no, será nuestra.

Dios puede haber decidido dónde y en las condiciones en la que nacemos, pero somos cada uno de nosotros, individualmente los que determinamos las condiciones en las que morimos. El lugar en el que te encuentres en este momento, indistintamente de cuál sea, es el perfecto lugar en el que debes estar para lograr todo aquello que deseas dentro de ti. Solo tienes que creer y dar el primer paso...

Todo empieza y es producto de la fe.

Primero: En que Dios nos hizo perfectos y llenos de virtudes para alcanzar el éxito desde el principio de la creación, somos nosotros los que el camino nos vamos llenando de imperfecciones. Fuimos creados a su imagen y semejanza, lo que en sí mismo implica una grandeza que no podemos alcanzar a comprender completamente.

Segundo: En nuestras capacidades. Tenemos una mente y un cuerpo, ya vinieron con nosotros, igual que para cada uno de las personas de éxitos que admiramos. Tenemos las mismas posibilidades de lograr lo que deseamos, lo único que podría hacer la diferencia es la forma en la que lo estamos utilizando.

Tercero: En nuestros pensamientos. Reconocer que nuestros pensamientos se reproducirán en los actos que conforman nuestra realidad. Concentre sus pensamientos durante treinta minutos a la tarea de pensar ser la persona que propone convertirse. Es más importante quién debo ser que lo que deseo lograr.

Cuarto: Escriba. Haga un contrato por escrito con usted mismo y propóngase alcanzar todas aquellas cosas que desea. Fírmelo y hágalo firmar por un testigo, en los momentos en los que quiera renunciar se convertirá en una guía que le ayudará a recordar las razones por las que inició.

Quinto: El poder la oración. Lo crea o no existe una fuente inagotable de inteligencia infinita, y tanto usted como yo tenemos acceso a ella por medio de la oración. Dedique tiempo a diario a esta comunicación.

SEÑOR

Ayúdame a decir la verdad delante de los fuertes y a no decir mentiras para ganarme el aplauso de los débiles.

Si me das fortuna, no me quites la razón.

Si me das éxito, no me quites la humildad.

Si me das humildad, no me quites la dignidad.

Ayúdame siempre a ver la otra cara de la medalla, no me dejes inculpar de traición a los demás por no pensar igual que yo.

Enséñame a querer a la gente como a mí mismo y a no juzgarme como a los demás.

No me dejes caer en el orgullo si triunfo, ni en la desesperación si fracaso.

Más bien recuérdame que el fracaso es la experiencia que precede al triunfo.

Enséñame que perdonar es un signo de grandeza y que la venganza es una señal de bajeza.

Si me quitas el éxito, déjame fuerzas para aprender del fracaso. Si yo ofendiera a la gente, dame valor para disculparme y si la gente me ofende, dame valor para perdonar.

¡Señor...si yo me olvido de ti, nunca te olvides de mí!

Mahatma Gandhi

PASO 10
Descubriendo el propósito de tu vida.

Si bien es cierto he mencionado que el éxito es un viaje único e individual que no pretendo poder definir de forma general como una verdad absoluta. Lo que puedo decir es que no debe haber algo más doloroso que haber recorrido un camino durante una vida para llegar al final y descubrir que era el camino equivocado.

Vivimos en una sociedad que nos vende una idea vacía de lo que el éxito representa, los medios de comunicación y el consumismo nos invaden diariamente con la idea de que el éxito está asociado con lo que tienes, lo que usas y a dónde vas. Basado en placeres temporales que nos conducen a crear una falsa imagen de quien en realidad no somos para impresionar a quien no necesitamos. Debes tener tal auto, vivir en, usar la marca x y la lista es bastante amplia; no estoy diciendo que estas cosas no provengan de tener éxito, son parte de tenerlo; más no lo es todo.

Si lo único que se anhela es dinero, ese puede ser un perfecto camino para perderlo todo, si estás dispuesto a renunciar a todo lo demás por el dinero, entonces adelante. Generalmente estas son las personas que buscan el camino rápido, terminan involucrándose en asuntos poco éticos o dispuestos a perder salud, familia y demás. Todos conocemos ese tipo de historias y hasta resultan ser más frecuentes de lo que se quisiera, el problema no es el dinero ciertamente, es un problema de enfoque, estoy casi seguro que si estas personas hubiesen puesto a trabajar sus habilidades y las energías, empleadas para cometer dichos actos, en otras actividades, podrían haber logrado mucho más al ir por el camino correcto.

El dinero es un resultado, no el objetivo.

El dinero no es lo más importante en la vida, sin embargo es casi tan importante como el oxígeno, si te falta te mueres. El dinero sigue siendo solo un objeto que nos ayuda a manejar eficientemente el intercambio de bienes y servicios, como tal no es ni bueno ni malo, la forma en la que lo utilizamos es la que lo determina.

El dinero es el resultado de lo que hacemos y que tan bien lo hacemos. Es por ello que cuando a alguien se le paga diez dólares por hacer algo a otra persona se le pagan cien dólares por hacer lo mismo y posiblemente en menor tiempo. La diferencia está en el nivel de excelencia con el que se hace, un ejemplo que podría ser muy familiar es la cantidad de dinero que usted estaría dispuesto a pagar por una hamburguesa, no sería igual si es un restaurante de comida rápida o en un restaurante gourmet en la mejor área de su ciudad. Sigue siendo una hamburguesa, pero estaría más dispuesto a pagar mejor por la segunda opción. Es por ello que el dinero no debe ser la meta, la meta debe ser el nivel de excelencia con el que servimos nuestra hamburguesa. Cuando la meta es aumentar nuestro nivel de excelencia, el dinero viene como un resultado de cuan bien hacemos lo que hacemos.

Mi propósito.

Caminar hacia el éxito implica la elección del camino correcto, siendo esta una de las preguntas más intrigantes del ser humano. Toda esa perfección que vive en usted, su vida, su mente y sus experiencias, han sido creadas con un propósito. Antes de que usted naciera ya existía ese propósito y para ello fue creado. Nada es creado por accidente o para luego buscarle su utilidad, de la misma forma nosotros somos creados para buscar el propósito por el que existimos. Me gustan los ejemplos y hay uno que me gusta utilizar para explicar el punto anterior. En este momento estás rodeado de cosas, objetos materiales, elija el que más te llame la atención y obsérvalo por un instante, sus colores, formas, etc. *¿cuál fue el propósito para el cuál fue hecho?* Todo en la vida tiene un propósito, ha sido creado y diseñado para un fin específico. En la creación no existe la casualidad, hay propósitos.

El Dr. Anthony Campolo nos habla de un estudio realizado a personas de noventa y cinco años de edad. Se les hizo una pregunta. Sí pudiera vivir su vida otra vez, *¿qué cosa haría de diferente manera?* Aun cuando era

una pregunta abierta, tres respuestas se encontraron de forma repetitiva:
- Si pudiera hacerlo otra vez, reflexionaría más.
- Si pudiera hacerlo otra vez, me arriesgaría más.
- Si pudiera hacerlo otra vez, haría más cosas que continuaran viviendo después de que yo muriera.

No creo que sea necesario esperar a los 95 años para empezar a pensar en un poco en estas respuestas, las cuales pueden convertirse en preguntas en nuestras vidas. He tenido el privilegio de conocer a personas mayores que han logrado muchas cosas en sus vidas, esas conversaciones siempre son un privilegio de sabiduría, lo más notorio es que de lo que más se habla no es de sus logros, es de el legado que se deja, algo que he aprendido de ello es que al final no importa cuánto logras, lo verdaderamente importante es cuanto perduran nuestras acciones más allá de nuestra limitada existencia. *¿Cuándo ya no esté en este mundo, que cosas me gustaría que dijeran de mí?*

Descubrir el motivo por el que hemos sido creados es un viaje maravilloso a nuestro interior, en que se descubre un nuevo y placentero universo de infinitas posibilidades para ser feliz. El objetivo de nuestro creador no es hacernos felices, es que cumplamos nuestro propósito, y al cumplirlo es cuando alcanzamos la realización total en nuestras vidas. Esa es una vida que el dinero no puede comprar.

Descubrir nuestro propósito es esencial para lograr el éxito, porque será aquello en lo que podremos desarrollar todo nuestro potencial y talentos naturales para lograr un alto nivel de excelencia. Sin importar lo que te apasiona, tu pasión puede convertirse en tu profesión, incluso si esta fuese comer. Adam Richman del programa de televisión Man vs. Food lo ejemplifica muy bien, dice haber iniciado su amor por la comida a muy temprana edad, además de tener su show de televisión ha lanzado su primer libro. En 2009 y 2010 ganó el premio como mejor anfitrión de televisión y fue nombrado en la lista de "Las personas más fascinantes en el 2009". Adam disfruta con el papel que le permite convertirse en embajador de las cosas deliciosas. Este es un ejemplo de que la pasión desconoce de límites cuando se une con la creatividad.

Dime qué te hace llorar y te diré para qué fuiste creado.

Creo que una de las incógnitas más grandes del ser humano es descubrir la razón por la que está aquí, pregunta que he escuchado con bastante frecuencia. He encontrado una forma bastante sencilla para poder lograr acercarnos a una respuesta que logra dar una nueva dirección a la vida de quien logra responder con sinceridad la siguiente pregunta *¿qué te hace llorar?* Permítame explicar a lo que me refiero *¿cuál es esa necesidad que logra reconocer en la gente que hace llorar su corazón?*, para todos y cada uno la respuesta es diferente. Dos personas pueden ver exactamente la misma situación y sentir emociones totalmente contrarias, lo que para alguien puede ser repulsivo a la otra puede estremecerle. En muchas ocasiones nos quedamos solamente hasta el punto en el que pensamos *"alguien debería hacer algo al respecto de esto"*, lo que sé es que ese alguien que debería hacerlo, es quien puede verlo. Si puede ver la necesidad es porque tiene los dones y talentos para atenderla. Este es el propósito para el que has sido creado, para servir.

En algunas ocasiones el propósito parece saltarles frente a las personas al responder la pregunta anterior, sin embargo en otras ocasiones nos ayuda encontrar repuesta a otras preguntas adicionales, como por ejemplo:

- ¿Qué es lo que más disfrutas hacer?
- ¿Qué apasiona tu vida?
- ¿Qué es aquello que inevitablemente tiene que ocurrir?

En la mayoría de los casos el propósito de nuestra vida lo encontramos al descubrir lo que nos hace llorar, cuando lo que más disfrutamos hacer es ayudar en esa necesidad, pensar en ello nos produce tal pasión por hacerlo, que es algo que inevitablemente tiene que darse. Es cuando estas cuatro preguntas se conjugan en una sola respuesta.

Al llegar a este punto surge de forma automática la pregunta *¿cómo servir me podrá proveer de resultados económicos?*, lo cierto es que es posible.

De tu pasión a tu profesión.

Alguien me dijo un día "haz lo que más te gusta hacer y hazlo de gratis, pero hazlo con tal excelencia que las personas estén dispuestas a pagar por que lo hagas". Esta es la forma en la que una pasión se transforma en la más rentable de las profesiones, esto se debe a que es algo en lo que tienes dones y talentos naturales, sumado al hecho de ser lo que más disfrutas hacer es lo que te permite lograr hacerlo con excelencia.

Una idea, ¡puede cambiar todo su futuro! Debe tener presente algo muy importante y es que todo lo que en tu mente puedas creer, lo puedes crear. Los grandes logros que han enriquecido tanto a la humanidad, como a los seres humanos han surgido del pensamiento de alguien que creyó que podía ser posible, tomo acción y lo realizó, aun cuando las circunstancias podían mostrar que no era posible. Piense por un momento en personas que han logrado la excelencia, desde Tomas A. Edison, Henry Ford, Donald Trump, Sōichirō Honda, Michael Dell, Bill Gates, Steve Jobs, Mark Zuckerberg, cada uno de ellos y todos los que no podemos mencionar, se dedicaron al área de su pasión, descubriendo la forma en la que servir a los demás logró darles la mayor retribución.

Un propósito aporta valor a la vida otras personas, lo que nos llena interiormente y hace que valga la pena luchar por alcanzar. Es aquello que nos quema por dentro, algo que inevitablemente tiene que ocurrir, no hay limitación, ni circunstancia que nos aparte en nuestro camino hacia lograr nuestro propósito, es el alimento de tu espíritu. En esta vida hay algo que tenemos asegurado todos por igual, sin importar raza, religión, niveles sociales, culturales o económicos, todos hemos sido condenamos a morir físicamente, algún día dejaremos de existir en este cuerpo pasajero y regresar a nuestro creador. Muy por el contrario, nuestro legado puede permanecer por siglos aún después, esto es una elección.

¿Qué me gustaría que se diga de mi vida cuando no ya no esté aquí y por cuanto tiempo quiero que se diga? Si no ha podido responder a su satisfacción esta pregunta, con una gran cantidad de detalles que puedan llenarlo de satisfacción, le recomiendo que anote esta pregunta en una libreta donde cada vez que venga una idea a su mente pueda anotarla. Si logra responder esta pregunta con certeza y veracidad posiblemente esté a punto de descubrir su verdadero propósito de vida. Anótelo y continué anotando toda idea que venga a su mente relacionada a su propósito.

¿Y ahora qué?

Hemos llegado al punto decisivo de nuestra vida, lo que define si lograremos alcanzar nuestro propósito. Analicemos brevemente los enfoques a los que podemos someter nuestra vida.

Tener: Todos deseamos tener algo y por lo general cuando nos enfrentamos a nuestro propósito, una meta, deseo o logro por realizar, nos convertimos en nuestro propio enemigo hacia el éxito. Si yo tuviera esto o aquello, podría realizarlo.

Nos enfocamos más en lo que no tenemos, que olvidamos aprovechar los recursos disponibles para transformarlos en lo que queremos.

Bastaría con dar un rápido vistazo a sus talentos y habilidades para percatarse de que hay varios de ellos que no ha estado aprovechando al máximo. *¿Cómo emplea su tiempo?*

Existe una diversidad de ejemplos que podríamos enumerar de todas aquellas cosas que posponemos y condicionamos. Cuando estudie una carrera, una maestría, un doctorado; podré hacer un mejor trabajo, y me podré convertir en un empresario exitoso. Lo mismo ocurre en cuando decimos: cuando tenga el dinero... cuando los niños estén más grandes... cuando tengamos una casa... etc. Vivimos en un presente condicionando nuestro futuro. A decir verdad como nuestro enfoque está en lo que no tenemos, no podemos llegar a tener porque no hacemos lo que debemos hacer, inevitablemente lo que tenemos hoy es el resultado de las decisiones del pasado, así mismo lo que tengamos en el futuro será el resultado de nuestras decisiones del presente.

Hacer: Para lograr algo, tenemos que hacer algo. Es aquí donde muchos hemos tropezado y seguimos tropezando constantemente. Alguien sabio dijo alguna vez *"no hay nada gratis en la vida"*. Si usted está disfrutando de algún resultado por el que no pago el precio, no significa que no se ha pagado, significa que alguien más lo pagó por usted.

Tenemos grandes sueños, grandes metas o un propósito loable el cual deseamos alcanzar. Nos entusiasma, nos hace vibrar y nos quema por dentro con tal intensidad que empezamos a hacer las cosas correctas y posiblemente las que debemos hacer, más sin embargo las hacemos según nuestros actuales conocimientos y capacidades. Un propósito es

algo por alcanzar que aun no tenemos y nos va a mover a superarnos a ser mejores.

Cuando nos centramos en el hacer para tener, es cuando empezamos a cansarnos y a debilitar nuestras fuerzas. Si bien es cierto, lo que tenemos va en relación a lo que hacemos; más lo que hacemos va en relación a lo que somos. Esto se convierte en especie de una espiral descendente, entre más hacemos, menos tenemos y nos frustramos. Si ha pasado por este tipo de frustración no lo culpo, yo también la he conocido.

Ser: Mis resultados actuales son producto de lo que hago, y lo que hago depende de lo quien soy. Al trabajar en el ser, podré adquirir nuevos conocimientos que me permitirán hacer las cosas que debo hacer, para tener lo que he decidido lograr. Si tengo una meta o un importante propósito, la pregunta que debo hacerme es *¿en quién debo convertirme para lograrlo?* No es convertirte en otra persona, es lograr desarrollar la mejor versión de quién puedes llegar a ser.

Cuando trabajamos primeramente en nosotros, la reacción se convierte en una espiral ascendente. Trabajo consistentemente en mejorar mis habilidades, lo que me lleva a hacer mejor lo que hago y el resultado se multiplica. Sin importar lo que hagas, nunca cambies el "SER" por el tener o por el hacer. Resulta muy sencillo perdernos en el camino, razón por la que debemos hacer ajustes constantes hacia nuestro destino, porque ¿quién ha ya logrado todo su potencial?

Conviértete en la persona que tanto deseas ser porque...

...tu idea puede no cambiar al mundo, pero puede cambiar el tuyo.

Cree... porque todo es posible para el que cree.

Nuestro presente está lleno de la suma de los sueños de aquellos que decidieron creer en ellos y decidieron dar los pasos para conquistarlos.

El futuro, estará lleno de los sueños de hoy, los míos o los de alguien más, eso me toca decidirlo.

Te deseo éxitos, por que la suerte es para aquellos que no creen.

¡Aprendí...!

Aprendí... que se puede llegar el conocimiento, pero la sabiduría solamente la alcanza aquel quien pone en práctica lo aprendido, que no importa lo que sabes, importa lo que haces con lo que sabes.

Aprendí... que sólo es posible vivir una vez, vivir una vez cada momento de la vida y disfrutarlo al máximo. El verdadero valor de lo que haces no está en la recompensa que recibas, si no cuanto perduren tus acciones aun cuando no estés.

Aprendí... que para vivir hay que entender que "el pasado... pasado..." y que el futuro, es un mundo incierto mientras no se tenga un plan definido para avanzar.

Aprendí... aunque la vida es corta, por lo general lo último que aprendemos es que lo primero es lo más importante.

Aprendí... a tomar decisiones, aun cuando estas sean equivocadas, esas son las que mayores enseñanzas dan y engrandecen al ser humano, porque el fracaso no existe más que en la mente de quien quiere justificar el dejar de luchar por lo que se quiere.

Aprendí... al final del camino se te recordará no porque tan lejos llegaste, sino por las veces que te supiste levantar.

Aprendí... que nunca, nunca... es muy tarde para volver a empezar.

Alexs A. Rodríguez Q.

Sobre El Autor

"La pasión de su vida, es la gente" así se describe Alex's, quien dedica su vida al desarrollo de competencias de éxito en la vida de miles de personas. Hace tal vez uno 10 años inicio el sueño de transformar la vida de las personas a su alrededor, ha descubierto que la mayor transformación ha sido interior, en su propio desarrollo como profesional y ser humano. "El mayor objetivo a alcanzar en mi vida será trascender; darle verdadero valor a nuestra existencia, hay algo más que pasar por la vida, es dejar un legado de nuestra vida. Vivir a plenitud el propósito por el cual hemos sido creados, comprendiendo que no somos un accidente de la naturaleza, somos la respuesta a una necesidad y cuando día a día damos lo mejor de nosotros por ello, nuestra vida trasciende más allá de nuestra existencia".

Coach & Speaker para importantes organizaciones y corporaciones de Latinoamérica, especialista en Liderazgo y Desarrollo Personal. Miembro de The John Maxwell Team como Coach, Teacher & Speaker. También certificado como Coach Ejecutivo por The International School Of Coaching (TISOC); Desarrollador de Líderes a nivel global por EQUIP; Entrenador en Liderazgo para la Transformación por CAF (Corporación Andina de Fomento); entre otras organizaciones internacionales. Una sólida formación académica sumado a su constante actualización Liderazgo, Neurociencias, Inteligencia Emocional y Programación Neuro Lingüística.

Hoy en día, Socio Director y fundador de Team SUCCESS Latinoamérica, especialista en el desarrollo de Coach & Speakers con una visión transformadora integral basada en principios y valores para la vida de millones de hispanos que buscan alcanzar el éxito y la excelencia.

Visite:

www.AlexsRodriguez.com

www.Team-Success.net

www.ingramcontent.com/pod-product-compliance
Lightning Source LLC
Chambersburg PA
CBHW051543170526
45165CB00002B/858